6.00

Surligné
en jaune

H. Jackson Brown Jr.
Rochelle Pennington

Surligné en jaune

Un cours accéléré sur l'art de vivre

Traduit de l'anglais par
Céline Parent-Pomerleau

Données de catalogage avant publication (Canada)

Brown, H. Jackson, 1940-

Surligné en jaune: un cours accéléré sur l'art de vivre

Traduction de: Highlighted in yellow.

ISBN 2-89466-067-7

1. Morale pratique. 2. Vie - Philosophie. 3. Relations humaines. 4. Bonheur. 5. Réalisation de soi. I. Pennington, Rochelle, 1963- . II. Titre.

BJ1581.2.B6914 2002   170'.44   C2002-940315-4

Nous reconnaissons l'aide financière du gouvernement du Canada par l'entremise du Programme d'aide au développement de l'industrie de l'édition (PADIÉ) pour nos activités d'édition.

Graphisme: Carl Lemyre

Infographie: Christian Feuillette

Titre original: *Highlighted in Yellow*
          Rutledge Hill Press, Nashville, TN

ISBN 2-89466-067-7

Dépôt légal: Bibliothèque nationale du Québec, 2002
          Bibliothèque nationale du Canada, 2002

Distribution: Diffusion Raffin
          29, rue Royal
          Le Gardeur (Québec)
          J5Z 4Z3
          Courriel: diffusionraffin@qc.aira.com

Site Internet: http://www.roseau.ca

Imprimé au Canada

Remerciements

De chaleureux remerciements sont adressés aux éditeurs, auteurs et agents qui nous ont accordé les droits de reproduction de leurs œuvres. Nous avons fait tout ce qui était en notre pouvoir pour retrouver les détenteurs des droits et, lorsqu'il était nécessaire de le faire, pour obtenir la permission de reproduire chaque extrait inclus dans le présent ouvrage.

Introduction

Interrogé sur sa méthode d'étude, un enfant de huit ans eut la réponse suivante: «Eh bien, il y a les choses importantes... et il y a les autres. J'essaie de ne me rappeler que les choses importantes.» Cette technique faisait merveille pour lui et, vous ne le savez peut-être pas encore, elle fera de même pour nous.

Que vous soyez au secondaire, à l'université, ou à l'école de la vie, la documentation est abondante et la liste de lectures, passablement longue. Comment arriver à couvrir tant de matière en si peu de temps?

Procurez-vous un surligneur jaune.

Vous ne pouvez tout apprendre; personne ne le peut. Toutefois, il suffit de surligner les idées principales de n'importe quel document pour bien en saisir le sens. Quels éléments souhaitez-vous retenir? À votre avis, sur quels points portera l'examen? Surlignez-les maintenant; il sera plus facile de réviser par la suite. Les citations et les récits présentés dans *Surligné en jaune* traitent de certains grands thèmes de l'existence. Ils parlent de l'importance d'agir envers autrui avec bienveillance et générosité, de tisser des relations riches de sens avec les êtres que nous aimons, de choisir des attitudes qui nous soutiendront

dans la grisaille du quotidien et de découvrir la satisfaction liée à la capacité d'apprécier les plaisirs simples de l'existence.

Voici des paroles qui rassurent et guérissent. Elles
invitent au changement et louent l'effort. Nous
espérons qu'elles vous aideront à mener une existence et à faire des choix inspirés par la sagesse.

Nous vous invitons donc à lire l'ouvrage au programme et à faire les exercices. La classe ne fait pas
relâche et il y a des examens de contrôle tous les jours.

La bonté

Le quiz radiophonique

Il a suffi de quelques minutes pour que je comprenne ce qu'est la bonté, lorsqu'on m'a fait passer l'un des examens les plus décisifs de mon existence.

Il s'agissait d'un test oral donné par un animateur de radio et mon auto me tenait lieu de salle de cours.

Alors que je roulais sous la pluie un lundi matin, une voix qui s'échappait du petit haut-parleur placé près de mon volant demanda: «Pouvez-vous citer le nom du plus récent récipiendaire du prix Nobel de la Paix?» J'aurais dû être en mesure de répondre à cette question, mais le nom m'échappait. Pendant que j'essayais d'y réfléchir, d'autres questions suivirent: «Pouvez-vous nommer l'une des personnes qui a reçu le prix Pulitzer ces dernières années?» Je fus de nouveau incapable de répondre. «Connaissez-vous les noms d'athlètes qui ont décroché une médaille d'or aux derniers Jeux olympiques? Ou celui de la jeune femme qui a remporté le titre de Miss Amérique?»

Ou... ou... ou encore. Non... non... et non. Qu'il s'agisse de musique, d'art, de personnages officiels, d'hommes de science – j'étais lamentable. J'aurais aimé savoir combien d'auditeurs avaient les bonnes réponses.

Et puis vint une question à laquelle j'ai pu donner une réponse: «Pouvez-vous nommer la dernière personne qui vous a dit qu'elle vous aimait?» Je me sentis ému en évoquant sans un moment d'hésitation l'image très nette de mes enfants qui couraient vers l'autobus en lançant en chœur par-dessus leur épaule un retentissant « Je t'aime, papa! ».

Je fus de nouveau en mesure de répondre à la question suivante. « Êtes-vous capable de citer le nom de la dernière personne qui vous a serré dans ses bras ? » Bien sûr. Absolument.

En voici quelques autres : « Pouvez-vous nommer une personne qui s'est montrée bienveillante envers vous récemment ? » Bien entendu. « Êtes-vous en mesure de citer le nom d'une personne envers laquelle *vous* avez agi avec bonté ? » Encore une fois, oui, bien sûr. « Pouvez-vous donner le nom d'une personne dont le sourire éclaire votre journée ? Ou nommer un professeur dont le dévouement a changé quelque chose dans votre vie ? » Oui. Certainement. Hum ! lequel choisir ? Ils sont si nombreux !

L'animateur parlait des amis, des voisins, des collègues de travail et même des étrangers qui jouent un rôle dans notre vie. Je souriais. Il parlait de bienveillance, de délicatesse et de charité. J'avais envie de rire tout haut ! Quelle façon de commencer la journée, de débuter un lundi pluvieux !

La bonté change les choses. Elle répond à une aspiration profonde et elle donne un sens à l'existence. La pierre conserve sans doute les traces des réalisations remarquables et les glorieux exploits du passé, mais ce sont les actes silencieux de bonté qui demeurent gravés dans notre cœur.

1 ❖ Traitez chacune des personnes que vous rencontrez comme vous souhaitez être traité.

Nous connaissons par cœur la règle d'or; apprenons à présent à la vivre.

EDWIN MARKHAM

2 ❖ Prenez l'habitude de poser des gestes de bonté gratuits.

La meilleure part de l'existence d'un homme de bien est constituée de petits gestes d'amour et de bonté purement anonymes.

WILLIAM WORDSWORTH

3 ❖ Mettez des pièces de monnaie dans le parcomètre vide d'un inconnu.

Essayez de profiter des situations de la vie courante pour faire le bien; n'attendez pas des circonstances extraordinaires.

JEAN PAUL RICHTER

4 ❖ Quand une personne de votre connaissance est sans le sou, envoyez-lui incognito un billet de vingt dollars.

La bonté consiste en l'incapacité de se sentir à l'aise en présence d'une personne qui ne l'est pas, de se sentir confortable en présence d'une personne qui se sent mal, de demeurer impassible lorsque son voisin est bouleversé.

RABBI SAMUEL H. HOLDENSON

5 ❖ Ne mesurez pas votre bonté.

Dans l'existence humaine, il existe trois choses primordiales : la première consiste à être bon. La seconde, à être bon. Et la troisième, à être bon.

HENRY JAMES

6 ❖ Gardez quelques parapluies bon marché dans votre auto pour dépanner les personnes surprises par la pluie.

Les circonstances majeures nous permettant de venir en aide à autrui sont peu fréquentes, mais chaque jour nous offre une foule de petites occasions de le faire.

SALLY KOCH

7 ❖ Soyez ouvert et accueillant. La prochaine personne que vous croiserez pourrait devenir votre meilleur ami.

Agissez envers toute personne comme vous le feriez à l'égard d'un invité de marque.

CONFUCIUS

❖❖❖

8 ❖ Ne sous-estimez jamais le pouvoir d'une parole aimable ou d'un acte de bonté.

Il faut si peu pour rendre les gens heureux – il suffit d'un geste tendre, d'une parole qui vient à propos ou d'un léger ajustement de quelque composante du mécanisme délicat de l'âme humaine.

FRANK CRANE

———◆———

Je m'attends à traverser ce monde une
seule fois. Par conséquent, si je puis
faire du bien ou témoigner de la bonté
à l'un de mes semblables, permettez
que je le fasse maintenant, car je
n'emprunterai pas deux fois ce chemin.

WILLIAM PENN

———◆———

9 ❖ Recherchez ce qu'il y a de bon en chaque personne.

Je ne médirai de personne et je dirai de chacun tout le bien que je sais.

BENJAMIN FRANKLIN

10 ❖ Quand vous doublez une famille qui roule dans un gros camion de déménagement, faites-leur un signe d'encouragement. Ils en ont bien besoin.

On croit très souvent que donner signifie offrir des cadeaux, mais nul don n'est plus précieux que le temps, l'attention et le réconfort que nous apportons à ceux qui en ont besoin. Nous faisons peu de cas de ces choses – jusqu'à ce que nous en ayons besoin.

JOYCE HIFLER

Le cycle de la bonté

Cela se passait il y a plusieurs dizaines d'années en Écosse. Un pauvre fermier entendit des cris montant d'un marécage voisin : « Au secours ! Au secours ! S'il vous plaît, aidez-moi ! » Il courut vers la zone dangereuse pour offrir son aide et découvrit un garçon enlisé dans la boue épaisse et noire. Il était presque trop tard pour porter secours au garçon, mais grâce au fermier, ce dernier fut sauvé.

Le lendemain, on frappa à la porte de l'humble maison du fermier. Lorsqu'il ouvrit, le paysan fut salué par un riche seigneur – peut-être un membre de la famille royale – qui était arrivé dans un élégant carrosse. Le pauvre homme ne comprenait pas pourquoi un personnage aussi important lui rendait visite. Mais il eut bientôt réponse à sa question.

« Hier, vous avez sauvé la vie de mon fils et je suis venu vous récompenser », affirma le gentilhomme. Cependant, le fermier ne voulut pas accepter l'argent qui lui était offert. Cherchant désespérément à exprimer sa gratitude à cet homme pour son geste héroïque, le riche seigneur jeta un coup d'œil à l'intérieur de l'humble demeure et y aperçut un jeune garçon. « Puisque vous avez secouru mon fils, je viendrai en aide au vôtre », dit le seigneur. « Si vous le permettez, je vais prendre l'enfant avec moi et verrai à ce qu'il soit éduqué dans les meilleures écoles du pays. » Le paysan accepta son offre avec un sourire.

La généreuse promesse fut remplie et le fils du fermier écossais obtint un diplôme du St. Mary's Hospital Medical School de Londres. La générosité du riche seigneur lui ayant permis de s'instruire, le fils du pauvre fermier offrit en retour un cadeau au monde en découvrant la pénicilline. Ce jeune homme s'appelait sir Alexander Fleming.

La vie du fils du gentilhomme fut menacée une seconde fois à l'âge adulte, quand une pneumonie menaça de l'emporter. Ironiquement, il fut sauvé cette fois par le fils du paysan, quand on lui prescrivit de la pénicilline. Lord Randolph Churchill, membre de la noblesse, avait défrayé les études de sir Alexander Fleming qui, par ses connaissances, sauva la vie de son fils, Winston Churchill.

11 ❖ Chaque fois que vous entendez la sirène d'une ambulance, ayez une pensée pour la personne qu'elle transporte.

La prière accomplit bien plus
que tout ce que ce monde ne saurait
imaginer.

LORD TENNYSON, ALFRED

❖❖❖

12 ❖ Ne laissez jamais un ami seul dans la douleur.

L'amitié augmente le bonheur et
apaise les souffrances en multipliant
notre joie et en divisant nos peines.

JOSEPH ADDISON

13 ❖ Soyez là quand on a besoin de vous.

Si quelqu'un vient demander votre aide, ne refusez pas en disant: «Ayez foi en Dieu, Il vous aidera». Agissez plutôt comme si Dieu n'existait pas et que vous étiez la seule personne en mesure de faire quelque chose.

ZADDICK

14 ❖ Pratiquez l'empathie. Dans vos jugements, mettez-vous à la place de l'autre.

Soyez bon – chaque personne que vous croisez livre un dur combat.

PLATON

15 ❖ Rappelez-vous que rien ne saurait vous faire plus de bien que d'agir pour le bien d'autrui.

Si vous demandiez à des gens de vous dire ce qui les rendrait plus heureux, vous obtiendriez des réponses du genre : « une nouvelle auto », « une maison plus spacieuse », « un salaire plus élevé » ou « gagner à la loterie ». Il est probable que pas une personne sur cent ne répondrait : « la possibilité d'aider des gens ». Et c'est pourtant la plus grande source de bonheur.

GEORGE BURNS

16 ❖ Le jour de l'Action de grâce, téléphonez à trois amis pour leur dire à quel point leur amitié vous est précieuse.

Tenez à l'ami véritable comme à la prunelle de vos yeux.

Proverbe nigérian

Le Père Noël existe-t-il?

Le 23 décembre 1961. Dix-huit heures. J'écris ces mots alors que je m'apprête à faire le trajet New York – Los Angeles en avion. Demain, à mon arrivée à Honolulu, je dois avoir un conte de Noël à raconter aux enfants du voisinage. Ils m'ont demandé de l'intituler *Le Père Noël existe-t-il?* Comment répondre en toute honnêteté à des enfants qui doutent?

J'espère que nous arriverons à Los Angeles à l'heure. Tout le monde à bord doit changer d'avion.

Vingt heures dix. Le pilote vient de nous annoncer une nouvelle plutôt contrariante. Aucun avion ne peut atterrir à Los Angeles; la ville est enveloppée dans un épais brouillard. Nous devons nous diriger vers Ontario, Californie, une piste d'atterrissage d'urgence située non loin de Los Angeles.

24 décembre. Trois heures douze. Après de multiples contretemps, nous venons d'atterrir à Ontario avec six heures de retard. Tout le monde est transi, fatigué, affamé et irritable. Nous avons tous raté nos correspondances. Plusieurs ne réussiront pas à être à la maison pour Noël. Je ne suis pas vraiment d'humeur à écrire un conte sur le Père Noël.

Sept heures quinze. J'écris ces lignes alors que je me trouve à l'aéroport de Los Angeles. Les événements se sont bousculés au cours des quatre dernières heures. Ce fut la pagaille à l'aérogare d'Ontario, où une vingtaine d'avions à destination de Los Angeles furent forcés d'atterrir. Anxieux de prévenir leur famille de leur retard, les passagers – ils étaient plus de mille – s'alignaient en des files interminables devant les cabines téléphoniques, le bureau du télégraphe étant fermé. Impossible d'avoir du café ou quelque chose à se mettre sous la dent.

Les employés du petit terminal paraissaient aussi épuisés et dépassés que les voyageurs. Tout allait de travers. Les bagages étaient entassés pêle-mêle, sans tenir compte de la destination. Personne ne semblait connaître l'horaire des différents autobus. Les bambins pleuraient, les femmes hurlaient des questions, les hommes maugréaient, lançaient des sarcasmes. Telle une colonie de fourmis effrayées, les gens s'agitaient, poussaient, jouaient du coude pour récupérer leurs bagages. Il était difficile d'imaginer que c'était la veille de Noël.

Soudain, j'entendis une voix posée et confiante résonner parmi ce délire comme la cloche d'une église – claire, calme et chargée d'amour.

« Ne vous inquiétez pas, madame, dit la voix, nous allons retrouver votre sac de voyage et vous amener à La Jolla à l'heure. Tout se passera très bien. » C'était la première phrase amicale et constructive que j'avais entendue depuis des heures.

En me retournant, j'aperçus un homme court et trapu au visage rougeaud et jovial, que l'on aurait cru sorti de *The Night Before Christmas*. Des boucles blanches s'échappaient en cascade de sa casquette, qui ressemblait à celle des guides touristiques. Il portait des bottes de chasse, comme s'il rentrait tout juste d'une randonnée dans la neige derrière un attelage de rennes. Un sweat-shirt rouge ajusté moulait son large torse et son ventre arrondi.

L'homme se tenait près d'un chariot de fabrication artisanale, constitué d'une énorme caisse reposant sur quatre roues de bicyclettes. Il transportait des fontaines à café et des piles de boîtes de carton de toutes sortes.

« Voilà, madame, déclara l'homme un peu étrange d'une voix enjouée, prenez un bon café chaud pendant que nous cherchons vos bagages. »

Il poussa la voiturette, le temps d'offrir un café à d'autres personnes, de lancer gaiement « Joyeux Noël, mon frère ! » en promettant de revenir donner un coup de main. Puis, cherchant un peu partout dans la montagne de sacs, il finit par découvrir ceux de la dame. Il les déposa sur le chariot et lui dit : « Vous n'avez qu'à me suivre, nous allons vous mettre sur le prochain autobus à destination de La Jolla. »

Une fois qu'elle fut installée, Kris Kringle (c'est ainsi que je le baptisai), revint à l'intérieur du terminal. Je me suis surpris à l'accompagner dans sa distribution de café. Je savais qu'il n'y avait aucun autre départ avant une heure.

Kris Kringle répandait la lumière dans ce champ de pensées ténébreuses. Il y avait chez lui quelque chose qui redonnait le sourire aux gens. Distribuant café et papiers mouchoirs, riant et entonnant des bribes de cantiques de Noël, il calmait les passagers et s'efforçait de leur faciliter la vie.

Lorsqu'une femme perdit conscience, Kris Kringle se fraya un passage à travers le groupe de personnes impuissantes qui l'entouraient. Il tira des sels et une couverture de l'une de ses boîtes. Quand elle revint à elle, il demanda à trois hommes de la porter vers un endroit plus confortable et de demander un médecin au micro.

Qui était donc ce drôle d'homme capable de faire marcher les choses? m'étonnai-je. Je lui demandai: « Pour quelle compagnie travaillez-vous? »

« Fiston, me dit-il, tu vois cette petite avec une veste bleue là-bas? Elle est perdue. Donne-lui cette friandise et dis-lui de rester où elle est. Si elle continue de se balader un peu partout, sa mère ne pourra jamais la retrouver. »

Après avoir fait ce qu'il me disait, je lui ai demandé une seconde fois: « Pour quelle compagnie travaillez-vous?

– Bon sang! Je travaille pour personne. Je fais ça pour m'amuser. Chaque année, en décembre, je me fais un cadeau de Noël, je consacre mes deux semaines de vacances à aider les voyageurs. »

« Dans la ruée des fêtes, il y a toujours des centaines de voyageurs qui ont besoin d'un coup de main. Hé, jette un coup d'œil par ici! »

Il avait repéré au milieu de la foule une jeune mère en pleurs avec son bébé. Après m'avoir fait un clin d'œil, Kris Kringle redressa sa casquette d'un geste désinvolte, puis il poussa son chariot et l'arrêta devant eux. La jeune femme était assise et serrait son enfant contre elle.

« Eh bien ! Eh bien ! petite sœur, dit-il, vous avez là un véritable petit trésor... Qu'est-ce qui ne va pas ? »

La jeune maman lui raconta entre deux sanglots qu'elle n'avait pas vu son mari depuis plus d'un an. Elle devait le rejoindre dans un hôtel de San Diego, mais il ne pourrait savoir ce qui les avait retardés. En plus, le bébé était affamé.

Kris Kringle sortit de son chariot une bouteille remplie de lait chaud. « Je veux que vous cessiez de vous faire du mauvais sang. Tout ira bien. »

En l'accompagnant jusque dans l'autobus en partance pour Los Angeles – celui que j'allais prendre –, il nota son nom ainsi que celui de l'hôtel de San Diego et lui promit qu'il ferait parvenir un message à son mari.

« Dieu vous bénisse », dit-elle, avec son enfant bien endormi au creux de ses bras. « J'espère que vous passerez un très beau Noël et que vous serez comblé de merveilleux cadeaux.

– Merci, petite sœur, fit-il en la saluant de sa casquette. J'ai déjà reçu le plus beau cadeau qui soit et c'est vous qui me l'avez donné. Oh ! oh ! » continua-t-il. Quelqu'un avait retenu son attention au milieu de la foule. « Je vois un homme âgé qui est en difficulté. Au revoir, petite sœur. Je vais aller me faire un autre cadeau. »

Il descendit de l'autobus. Je sortis également, car il restait quelques minutes avant le départ. Il se tourna vers moi. « Écoute, dit-il, tu prends bien ce vieux tacot qui va à Los Angeles ? »

« Oui. »

« D'accord. Tu as été un bon assistant. À présent, laisse-moi te faire un cadeau pour Noël. Assieds-toi à côté de la femme ; veille sur elle et sur le bébé. Quand tu arriveras à Los Angeles – il tira un bout de papier de sa poche – téléphone à cet hôtel de San Diego pour parler à son mari. Explique-lui que sa famille sera en retard. »

Il connaissait déjà ma réponse puisqu'il tourna les talons sans même m'écouter. Je m'assis à côté de la jeune mère et m'offris pour tenir son enfant. À travers la fenêtre, je pouvais voir Kris Kringle, vêtu de son chandail rouge, disparaître dans la foule.

L'autobus démarra. Je me sentais bien. Je me mis à penser à la maison, à Noël. Et je sus alors ce que je répondrais à la question que m'avaient posée les enfants du voisinage : « Le Père Noël existe-t-il ? »

Bien sûr. Je l'avais rencontré.

WILLIAM J. LEDERER

———»•«———

On dit que pour le pessimiste, le verre
d'eau est à moitié vide alors que pour
l'optimiste, il est à moitié plein.
Cependant, l'être généreux voit un
verre d'eau et regarde si quelqu'un a
soif autour de lui.

G. Donald Gale

———»•«———

17 ❖ Ranimez les amitiés anciennes.

Fréquentez souvent la demeure
d'un ami, car les mauvaises herbes ont
tôt fait de cacher le sentier qui y mène.

RALPH WALDO EMERSON

18 ❖ Rappelez-vous que les gens de la planète ne se tiennent pas en file. Observez attentivement. En fait, ils forment un cercle en se donnant la main. Tout ce que vous donnez à la personne placée à vos côtés finit tôt ou tard par vous revenir.

Le destin des hommes est d'être frères ;
Personne ne suit son chemin seul.
Tout ce que nous semons dans la vie d'autrui
Finit par réapparaître dans la nôtre.

EDWIN MARKHAM

19 ❖ Lorsque vous apercevez une personne seule sur un banc, ne manquez pas de lui dire quelques mots.

Agir par bonté crée un sentiment merveilleux à l'intérieur de nous, comme si quelque chose dans notre corps réagissait et disait: «Oui, c'est ainsi que j'aimerais toujours me sentir.»

RABBI HAROLD KUSHNER

20 ❖ Lorsque vous êtes immobilisé dans la circulation, laissez le passage aux autres.

Si infime soit-il, aucun geste de bonté n'est jamais perdu.

ÉSOPE

Il n'est jamais trop tôt pour poser une bonne action. Nul ne sait en effet quand il sera trop tard.

RALPH WALDO EMERSON

21 ❖ Si vous avez appris que l'un de vos amis est malade, ne le questionnez pas à ce propos. Laissez-le aborder le sujet en premier.

Le premier devoir de l'amour est d'écouter.

PAUL TILLICH

22 ❖ Téléphonez à un centre d'accueil pour personnes âgées et demandez qu'on vous donne la liste de celles qui ne reçoivent jamais de visite ou de courrier. Deux ou trois fois par an, envoyez-leur une carte signée : « Une personne qui pense le plus grand bien de vous. »

Les relations avec autrui sont aussi essentielles à la vie que la nourriture. Seuls et sans amour, nous ne pouvons vivre.

M.N. BECK

Un acte de bonté gratuit

Tous les hôtels de Philadelphie étaient bondés. Il n'y avait aucune chambre disponible. Le jeune commis qui travaillait à la réception de l'hôtel Bellevue en cette nuit pluvieuse de 1891 le savait très bien. Aussi, lorsqu'un couple âgé fuyant la tempête franchit la porte et s'approcha du comptoir, le jeune homme, pris de compassion, leur offrit le seul lit encore disponible : le sien. Le couple refusa ; le commis insista et persuada en douceur la femme et l'homme âgés qui finirent par accepter son offre.

Au moment de partir, le lendemain matin, le couple remercia de nouveau le jeune homme de l'extrême prévenance qu'il avait eue pour eux. « C'est une personne comme vous qui devrait être à la tête du plus grand hôtel des États-Unis, observa l'homme. Peut-être bien qu'un jour j'en construirai un pour vous. » Tous trois se séparèrent en riant de ce commentaire.

Le commis oublia l'incident, mais non le vieil homme. Deux ans plus tard, une structure imposante et princière fut édifiée à New York par l'homme qui avait été touché par la générosité du commis de Philadelphie. Le moment vint où il invita le jeune homme à visiter le grand hôtel qui lui était destiné.

Le vieil homme conduisit le commis au centre-ville dès son arrivée. « Voici l'hôtel que j'ai construit

pour que tu en deviennes le directeur.» George C.
Boldt, le jeune commis, se tenait debout au coin de la
rue, devant ce qui allait bientôt devenir un établisse-
ment de réputation internationale, le Waldorf-Astoria
Hotel.

Durant les vingt-trois années qui suivirent, soit
jusqu'à sa mort, survenue en 1916, Boldt demeura
fidèle à l'hôtel et à la confiance que William Waldorf
Astor lui avait témoignée.

23 ❖ Saluez les brigadiers chargés de faire traverser la rue aux enfants.

L'affection se conquiert et s'entretient par des attentions, des regards, des gestes et des gentillesses renouvelés à chaque instant.

GEORGE A. SALA

24 ❖ Ne ratez jamais une occasion de faire sentir aux gens qu'ils sont importants.

En ce monde, les gens souffrent plus cruellement du manque d'amour et de reconnaissance que de la faim.

MÈRE TERESA

———⊰●⊱———

Le soufisme recommande de ne jamais parler avant que nos mots aient réussi à franchir trois barrières. La première consiste à nous demander: «Est-ce que ces paroles sont véridiques?» Si c'est le cas, elles peuvent passer. Sinon, elles sont refoulées. À la deuxième barrière, nous nous posons la question suivante: «Ces paroles sont-elles nécessaires?» Si elles le sont, elles ont le droit de passer; sinon, elles seront refoulées. À la dernière barrière, nous nous demanderons: «Sont-elles inspirées par la bonté?»

EKNATH EASWARAN

———⊰●⊱———

25 ❖ Au supermarché, demandez toujours à la caissière comment elle va.

Il n'y a rien à perdre à se montrer courtois. C'est le plaisir le moins dispendieux. La courtoisie ne coûte rien et elle apporte énormément. Elle fait du bien à celui qui la manifeste et à celui qui en est l'objet. Comme le pardon, elle est une double bénédiction.

ERASTUS WIMAN

26 ❖ Si vous savez qu'une personne suit un régime, félicitez-la sur son apparence.

Le cœur généreux est une fontaine qui répand la joie et les sourires tout autour.

WASHINGTON IRVING

27 ❖ Faites circuler les dons qui vous sont faits.

Ayant reçu une lettre qui le remerciait d'un geste généreux qu'il avait posé, Benjamin Franklin répondit: «Quant à ce geste que vous mentionnez, je souhaiterais vous avoir été plus utile encore et, si cela avait été, je n'aurais alors désiré d'autre remerciement que celui de vous savoir toujours disposé à prêter assistance à toute personne qui demanderait votre aide; aussi importe-t-il de répandre le bien autour de nous, car les humains forment tous une grande famille. Pour ma part, lorsque je rends quelque service aux autres, je ne considère pas que je leur fais une faveur, mais que je rembourse une dette.»

28 ❖ Dites bonjour le premier.

Chaque rencontre avec un être humain est une occasion de fraternité.

JANE WYMAN

———◆———

New York, 1925: Deux voleurs surprennent
le trésorier de la Fondation d'un
hôpital juif qui transportait une somme
de quinze mille dollars. Lorsque ce
dernier leur dit que l'argent était
destiné à un centre hospitalier, non
seulement les voleurs le laissèrent-ils
partir, mais ils lui firent don d'un
billet de dix dollars.

PITIRIM SOROKIN

———◆———

29 ❖ Ne soyez pas avare de sourires. Ils ne coûtent rien, mais leur valeur est inestimable.

Qui sait s'ils ont besoin de moi ?
Je me tiendrai à portée de leur vue.
Peut-être ont-ils précisément besoin
De mon sourire fragile, à peine ébauché.

EMILY DICKINSON

30 ❖ Découpez les articles de journaux qui font l'éloge de gens que vous connaissez et postez-leur ces coupures avec un petit mot de félicitation.

Poser acte de bonté, aussi infime soit-il, c'est dire : « je m'intéresse à toi », « tu comptes à mes yeux », « je pense à toi ».

JENNY DEVRIES

Faites autant de bien que vous le pouvez,

En usant de tous les moyens disponibles,

De toutes les façons imaginables,

Partout où vous êtes en mesure de le faire,

Chaque fois que cela vous est permis,

Au plus grand nombre de gens possible,

Aussi longtemps que vous le pourrez.

JOHN WESLEY

31 ❖ Agissez envers autrui comme vous aimeriez que l'on agisse envers vos enfants.

> Pour quelle raison vivons-nous, si ce n'est pour nous rendre mutuellement la vie moins difficile ?

GEORGE ELIOT

32 ❖ En vous arrêtant au péage de l'autoroute, ensoleillez la journée d'une personne en payant aussi pour l'auto derrière vous.

> La bonté illumine la journée qu'elle effleure au passage.

GEORGE ELLISTON

33 ❖ Montrez-vous particulièrement courtois et patient avec les gens âgés.

Prenez la résolution de vous montrer tendre avec les jeunes, plein de compassion envers les aînés, de sympathie envers ceux qui ont à lutter, de tolérance à l'égard des faibles et d'indulgence pour ceux qui commettent des erreurs. Parce qu'à un moment ou l'autre de notre vie, nous aurons été tout cela.

LLOYD SHEARER

34 ❖ Dites souvent « s'il vous plaît » et « merci ».

Il ne faut jamais sous-estimer le pouvoir de la courtoisie. Il est possible que cette bienveillance ne soit pas remarquée ou payée de retour. Mais tout manque de courtoisie le sera.

PRINCESSE JACKSON SMITH

Exercice du jour

La bonté exprimée est l'une des composantes essentielles d'une vie pleinement vécue. Elle ne requiert pas d'actions éclatantes et se manifeste souvent par de simples gestes, des actes spontanés posés sur l'impulsion du moment. Votre devoir consistera donc aujourd'hui à découvrir des occasions d'avoir des gentillesses pour les gens autour de vous.

- Ajoutez un supplément au pourboire de la serveuse qui vous a apporté votre petit-déjeuner.

- Adressez un compliment à trois personnes au cours de la journée.

- Surprenez un être cher en lui apportant un petit cadeau.

- Cédez votre tour à la personne qui vous suit dans une file.

- Si vous voyez des touristes se prendre en photo l'un l'autre, proposez-leur de les photographier ensemble.

- Apportez une surprise à un nouveau voisin, par exemple, préparez l'un de vos plats préférés et joignez la recette.

La générosité

Une veille de Noël
sous la neige

Je le revois encore après toutes ces années. C'était la veille de Noël, quelque part dans les années 70. Dans le cadre d'une activité parascolaire à caractère social, les étudiants de notre école secondaire participaient à une collecte au profit de l'Armée du salut. Posté à l'entrée d'un magasin *K-Mart* du Wisconsin, j'agitais une cloche, à quelques heures du congé de Noël.

Le flot de clients avait considérablement diminué et le magasin allait bientôt fermer ses portes. Je n'en pouvais plus d'attendre et j'étais transi.

C'est alors que j'entendis un vieux tacot bruyant entrer dans le parc de stationnement, ses essuie-glaces balayant la neige folle.

« La journée est finie et voilà cet homme qui veut encore acheter quelque chose ? » maugréai-je, en même temps que ma grandeur d'âme s'envolait en coup de vent.

Un homme âgé sortit de la voiture et avança vers moi d'un pas traînant.

« Un cadeau de dernière minute ? » lui demandai-je, en guise de salutation.

Il parut réfléchir à ma question. «Oui, acquiesça-t-il d'une voix douce, un dernier cadeau.»

Il s'approcha de la traditionnelle marmite rouge et retira sa large main de la chaleur de sa poche, une main noueuse comme les racines d'un arbre, où j'aperçus quatre pièces de monnaie. Était-ce des pièces d'un cent? Non, mais qu'était-ce donc?

Tournant sa main doucement au-dessus de la marmite, il laissa tomber les pièces non identifiées à l'intérieur.

«Joyeux Noël», dis-je pour le remercier. «Merci de nous encourager.»

Il leva les yeux, d'un bleu très pur, vers moi et nos regards se croisèrent. Il hocha la tête et répondit: «Impossible de faire autrement.» Puis il se retourna et partit. Cela s'est passé exactement comme je vous le dis.

Je l'ai regardé marcher en laissant derrière lui de longues traces sur la neige et je me suis dit intérieurement: «*Bizarre. Vraiment bizarre. Un vieil homme qui sort par un temps pareil, sur les routes enneigées, pour donner quelques pièces de monnaie à un organisme de charité?*»

Eh bien, il s'avéra que ses «quelques cents» valaient quelques milliers de dollars. Le caissier du bureau principal de l'organisme fut au comble de la joie lorsqu'il identifia les pièces d'or pur frappées en Afrique du Sud. Des krugerrands.

Les années ont passé, mais les paroles du vieil homme sont toujours vivantes dans ma mémoire: «Impossible de faire autrement».

Ses mots ont fini par résumer pour moi l'essence même de la générosité – ce mouvement du cœur qui nous pousse à aider les autres simplement pour la joie que l'on trouve à soutenir une noble cause. Notre âme rayonne alors d'une éclatante beauté. Elle touche le cœur de Dieu.

C'est ce que j'ai appris en voyant cette lumière dans les yeux d'un vieil homme, une veille de Noël sous la neige.

1 ❖ Choisissez une association humanitaire de votre région que vous appuierez généreusement en donnant de votre temps et de votre argent.

Dans la rue, j'ai aperçu une petite fille grelottant dans sa robe légère, ayant peu d'espoir de prendre un bon repas. Je me suis emportée contre Dieu : « Pourquoi permets-Tu cela ? Pourquoi ne fais-Tu rien pour elle ? » Et Dieu a répondu : « Bien sûr que j'ai fait quelque chose. Je t'ai fait, toi. »

SŒUR MARY ROSE MCGREADY

2 ❖ Consacrez quelques heures par mois à la livraison de repas à domicile aux personnes âgées ou handicapées.

La disposition à s'intéresser plus à autrui qu'à notre avantage personnel est l'indice d'une maturité grandissante.

JOHN MACNOUGHTON

3 ❖ Rendez grâce à chaque journée par un geste généreux.

Faites-vous une règle – en priant Dieu qu'Il vous aide à la respecter – de ne jamais vous endormir le soir sans pouvoir dire : « J'ai contribué aujourd'hui à rendre un être humain un peu plus sage, ou heureux ou, du moins, à améliorer un peu son sort. »

CHARLES KINGSLEY

4 ❖ Faites des dons de nourriture aux victimes de catastrophes naturelles.

Chaque fois qu'une tragédie ou un désastre frappe une région de la planète, les Américains ont toujours tendu rapidement une main secourable et généreuse. La générosité n'appauvrit jamais celui qui en fait preuve ; elle enrichit la vie de ceux qui la traduisent en actes.

DWIGHT D. EISENHOWER

5 ❖ Pendant la période des fêtes, donnez chaque fois que vous passerez devant une marmite de l'Armée du salut.

Nous devrions donner dans le même esprit que nous recevons, dans la bonne humeur, avec diligence et sans la moindre hésitation ; car il n'y a aucune grâce à donner à reculons.

SÉNÈQUE

6 ❖ N'oubliez pas que vous pouvez toujours accéder aux bénédictions liées à une vie pleine d'enthousiasme et de gratitude.

Il y avait un homme
Que l'on disait fou.
Plus il donnait,
Plus il s'enrichissait.

JOHN BUNYAN

7 ❖ Signez et portez sur vous votre carte de dons d'organes.

Non seulement devons-nous donner ce que nous avons, mais aussi ce que nous sommes.

DÉSIRÉ-JOSEPH MERCIER

———✦———

8 ❖ Offrez-vous pour travailler quelques heures par mois dans une soupe populaire.

À quoi ressemble l'Amour ?
Il a des mains pour aider les autres.
Des pieds pour se hâter vers les pauvres
    et les indigents.
Des yeux pour reconnaître la détresse et
    la misère.
Des oreilles pour entendre les pleurs et
    les gémissements de ses semblables.
Voilà à quoi ressemble l'Amour.

SAINT AUGUSTIN

9 ❖ Faites un don de sang deux fois par année.

Parfois, quand j'observe les conséquences énormes de certains petits riens, je suis porté à croire qu'il n'y a pas de choses anodines.

BRUCE BARTON

10 ❖ Remettez à une œuvre de bienfaisance tous les vêtements que vous n'avez pas portés au cours des trois dernières années.

Le manque de charité est sans doute la plus grave des maladies de cœur.

BOB HOPE

11 ❖ Prenez part aux activités de l'école fréquentée par votre enfant.

Le verbe « AIDER » est le deuxième plus beau verbe après le verbe « AIMER ».

BERTHA VON SUTTNER

---

12 ❖ Partagez vos connaissances; c'est une façon d'atteindre l'immortalité.

Si vous semez quelque chose de vivant à l'intérieur d'autrui, vous vous approchez de l'immortalité.

NORMAN COUSINS

Un miracle à 57 cents

Il y a bien des années, à Philadelphie, une fillette nommée Hattie transforma la vie des personnes de son entourage.

Un pasteur avait mis sur pied une école du dimanche pour les enfants du voisinage et Hattie avait assisté à la première rencontre. Malheureusement, plusieurs enfants avaient été refusés à cause d'un manque d'espace. Ce soir-là, Hattie s'endormit le cœur gros, parce que plusieurs de ses camarades de jeu ne pouvaient fréquenter l'école. Le local était tout simplement trop petit.

Hattie mourut deux ans plus tard. Ses parents envoyèrent chercher le pasteur et lui remirent un petit sac à main rouge usé que Hattie cachait sous son oreiller. La minuscule bourse contenait cinquante-sept cents, une somme qu'elle avait gagnée en faisant des courses. L'argent était accompagné d'une note écrite par Hattie: «Cet argent est pour agrandir la chapelle, pour que plus d'enfants puissent aller à l'école du dimanche.»

Le dimanche qui suivit les obsèques de Hattie, le pasteur monta en chaire avec le petit sac à main rouge. Après l'avoir vidé, il y remit une à une les cinquante-sept pièces de un cent, en disant que Hattie avait voulu donner tout ce qu'elle possédait. L'assemblée en fut très émue.

Après la cérémonie, un visiteur se présenta afin d'offrir un terrain avantageusement situé pour la construction d'une nouvelle église en disant: «Je vous le laisse pour la somme de *cinquante-sept cents.*» Lorsque les médias rapportèrent l'histoire, des chèques commencèrent à arriver de partout.

Aujourd'hui, les visiteurs sont impressionnés par les 3 300 places assises de l'Église baptiste de Philadelphie. Et dire que tout a commencé à cause d'une petite fille qui souhaitait rendre service. Quelle marque elle a laissée!

reproduit de *From my Heart*

13 ❖ Apportez un soutien psychologique et financier aux membres de votre famille qui sont déprimés ou sans le sou.

Peu de fardeaux pèsent trop lourd lorsqu'ils sont partagés.

SY WISE

➤━━━━➤●◄━━━━━

14 ❖ La prochaine fois que vous commanderez un repas à emporter dans un service à l'auto, donnez un pourboire à l'employé du guichet. Il sera à la fois étonné et ravi.

De même que cette bougie répand sa clarté à distance, la lumière d'une bonne action repousse la méchanceté du monde.

SHAKESPEARE

La question que la vie nous pose sans arrêt, avec le plus d'insistance, est celle-ci: «Que faites-vous pour les autres?»

MARTIN LUTHER KING

15 ❖ Enseignez ce que vous avez appris aux plus jeunes.

L'enseignant influe sur la suite du monde ; il ignore où s'arrête son influence.

HENRY ADAMS

16 ❖ Achetez les friandises, les pâtisseries et les billets de participation que vous offrent les étudiants afin de ramasser des fonds pour des projets scolaires.

En aidant un enfant, vous rendez service à toute l'humanité.

PHILLIPS BROOKS

Le plus grand amour

Nul ne sait quelle cible était visée, toutefois les tirs de mortier frappèrent lourdement un orphelinat dirigé par un groupe de missionnaires dans un village vietnamien. Ces derniers furent tués sur-le-champ, de même qu'un ou deux enfants. Plusieurs autres orphelins furent blessés, dont une fillette d'environ huit ans.

Les villageois demandèrent des secours médicaux à partir d'une ville voisine dotée d'une liaison radio avec les troupes américaines. Un médecin de la marine et une infirmière arrivèrent finalement à bord d'une jeep. Ils constatèrent que la fillette était la plus grièvement blessée. S'ils n'agissaient pas rapidement, le choc traumatique et l'hémorragie pourraient se révéler fatals.

Il fallait procéder à une transfusion de toute urgence, trouver un donneur. Un test sommaire révéla que les deux Américains n'étaient pas d'un groupe sanguin compatible, contrairement à plusieurs des orphelins qui n'avaient pas été blessés.

Le médecin connaissait des bribes de vietnamien et l'infirmière parlait quelques mots de français. En utilisant un mélange des deux langues et en s'exprimant par signes, ils expliquèrent à leur assistance effrayée que la fillette mourrait très certainement si le sang qu'elle avait perdu n'était pas remplacé. Ils demandèrent ensuite si l'un d'eux accepterait de donner du sang pour la soigner.

Les enfants accueillirent leur demande en écarquillant les yeux, sans dire un mot. Après un long moment, un enfant leva sa petite main tremblante, la baissa, puis la leva de nouveau.

«Oh! Merci. Comment t'appelles-tu?» demanda l'infirmière, en français.

«Heng», se contenta de répondre l'enfant.

Sans perdre un instant, ils demandèrent à Heng de s'allonger sur un matelas. Après avoir tamponné son bras avec de l'alcool, ils y insérèrent une aiguille. Heng se raidit et subit l'épreuve en silence.

Cependant, au bout de quelques instants, il frissonna et laissa échapper un sanglot, puis il cacha son visage avec sa main libre.

«Tu as mal, Heng?» demanda le médecin. Heng fit signe que non de la tête. Mais, quelques instants plus tard, il fut secoué par d'autres sanglots qu'il s'efforça encore de cacher. Le médecin voulut de nouveau savoir si l'aiguille le faisait souffrir. Heng fit une nouvelle fois non de la tête.

La petite équipe médicale était inquiète. Il était évident que quelque chose n'allait pas. Une infirmière vietnamienne vint à cet instant leur prêter son aide. Constatant à quel point l'enfant semblait bouleversé, elle lui parla rapidement en vietnamien, écouta sa réponse et lui répondit d'une voix rassurante.

L'enfant cessa de pleurer au bout de quelques instants et interrogea l'infirmière vietnamienne du regard. Quand elle hocha la tête, les traits du garçon se détendirent, comme sous l'effet d'un profond soulagement.

Levant les yeux vers les Américains, l'infirmière expliqua calmement: «Il croyait qu'il allait mourir. Il vous avait mal compris, car il pensait que vous lui aviez demandé de donner *tout* son sang pour sauver la vie de la petite fille.»

«Pourquoi alors avait-il accepté de le faire?» demanda l'infirmière de la marine.

La vietnamienne répéta la question au garçon qui répondit simplement: «Parce que c'est mon amie.»

Y a-t-il plus grand amour que de donner sa vie pour ceux que l'on aime?

JOHN W. MANSUR

17 ❖ Cette année, si les scouts vous offrent d'acheter des biscuits, prenez-en deux boîtes.

Faire une bonne action est une joie qui ne nous épuise jamais !

GEORGE BENGIS

━━━━◄●►━━━━

18 ❖ N'oubliez pas que nous serons jugés en dernier lieu d'après ce que nous avons donné, non d'après ce que nous avons reçu.

Il y a plus de bonheur à donner qu'à recevoir.

Actes des Apôtres 20,35

Ne vous préoccupez pas outre mesure de la richesse, du pouvoir ou de la gloire, car vous pourriez croiser une personne indifférente à ce genre de choses, et vous constateriez alors à quel point vous êtes indigent.

RUDYARD KIPLING

19 ❖ Payez un séjour dans un camp de vacances à un enfant dans le besoin.

Même si vous avez bien mérité votre salaire, votre journée ne pourra être parfaite tant que vous n'aurez pas fait du bien à une personne qui ne pourra jamais vous payer de retour.

RUTH SMELTZER

20 ❖ Ne refrénez jamais un élan de générosité.

Un plus grand nombre de problèmes seront résolus si nous disons « Je dois faire quelque chose » plutôt que « Quelque chose doit être fait ».

tiré de *Bits & Pieces*

21 ❖ Rappelez-vous que les gens les plus heureux ne sont pas ceux qui reçoivent le plus, mais ceux qui donnent le plus.

La joie ne visite pas celui qui la poursuit égoïstement, mais celui qui la recherche pour les autres.

H.W. SYLVESTER

---

22 ❖ N'admirez pas les gens pour leur richesse mais pour la créativité et la générosité dont ils font preuve en l'employant.

Ne cherchez pas à atteindre la réussite sociale, mais plutôt à acquérir une conscience sociale.

ALBERT EINSTEIN

Une coïncidence?

J'étais très fier de ma fille de neuf ans, ma petite Émilie. Elle avait économisé tout l'argent de poche qu'elle avait reçu au cours de l'année ainsi que les petites sommes qu'elle avait obtenues pour de légers travaux qu'elle avait effectués dans le voisinage. Émilie était déterminée à ramasser suffisamment d'argent pour se procurer un vélo de montagne pour fille, un article qu'elle désirait ardemment et pour lequel elle avait mis de côté tout son argent depuis un an.

« Ça va, mon trésor? » lui ai-je demandé quelques jours après la fête de l'Action de grâce. Je savais qu'elle espérait avoir réuni la somme nécessaire avant la fin de l'année.

« J'ai quarante-neuf dollars, papa, dit-elle. Mais je ne suis pas du tout certaine de réussir. »

« Tu as travaillé si fort », lui dis-je pour l'encourager. « Ne lâche pas. Mais tu sais que si tu en as envie, tu peux prendre n'importe quelle bicyclette de ma collection. »

« Merci, papa. Mais elles sont trop démodées. »

Sa réponse me fit sourire intérieurement. Je savais qu'elle avait raison. Je possédais une collection de bicyclettes anciennes et tous mes modèles pour fillettes dataient des années 50 – rien de bien attrayant pour un enfant d'aujourd'hui.

À l'approche de Noël, Émilie et moi sommes allés comparer les prix avant d'acheter. Elle regarda plusieurs vélos parmi les moins coûteux, consciente qu'elle allait sans doute devoir se contenter d'un de ceux-là. Alors que nous quittions le magasin, elle remarqua un bénévole de l'Armée du salut posté devant une marmite, qui agitait une cloche. « Nous leur donnons quelque chose, papa ? »

« Je regrette, Émilie, je n'ai plus de monnaie. »

Émilie travailla très fort jusqu'à la fin de décembre. Il semblait bien qu'elle réussirait après tout à atteindre son but. Puis un jour, elle descendit à la cuisine et annonça à brûle-pourpoint à sa mère :

« Maman, fit-elle d'une voix hésitante, tu sais, tout cet argent que j'ai réussi à économiser ? »

« Oui, ma chérie », répondit Diane, mon épouse, avec un sourire.

« Dieu m'a dit de le donner aux pauvres. »

Diane s'agenouilla à la hauteur d'Émilie. « C'est vraiment une pensée très généreuse, mon ange. Il reste que ce sont tes économies de toute l'année. Peut-être pourrais-tu en donner une partie ? »

Émilie hocha énergiquement la tête en signe de refus. « Dieu a dit de tout donner. »

Lorsque nous avons constaté qu'elle parlait sérieusement, nous lui avons suggéré différentes œuvres auxquelles elle pourrait contribuer. Cependant, Émilie avait reçu des instructions très précises. Aussi, par un froid dimanche matin, un peu avant Noël, Émilie remit sans tambour ni trompette le total de ses économies, soit une somme de 58 $, à un bénévole de l'Armée du salut heureux et surpris.

Touché par la grandeur d'âme d'Émilie, j'ai remarqué qu'un concessionnaire d'automobiles faisait une collecte de bicyclettes usagées afin de les rafraîchir pour les offrir ensuite à des enfants pauvres pour Noël. Et je me suis dit que si ma fille de neuf ans pouvait donner tout son argent, j'étais certainement en mesure d'offrir l'une des bicyclettes de ma collection.

En choisissant un vélo d'enfant démodé, mais rutilant, parmi ceux alignés dans le garage, j'ai eu l'impression qu'une autre bicyclette s'était mise à briller d'un éclat spécial. Devrais-je donner une deuxième bicyclette? Non, sûrement qu'une seule devrait suffire.

Pourtant, en m'assoyant au volant de mon auto, je ne pouvais chasser l'impression que je devais faire don de cette deuxième bicyclette. Si Émilie était capable de suivre les instructions du ciel... je décidai que moi aussi je pouvais le faire. Je revins sur mes pas, chargeai la seconde bicyclette dans le coffre et me dirigeai chez le concessionnaire.

Lorsque je lui remis les bicyclettes, le marchand me remercia en précisant: «Vous allez faire le bonheur de deux enfants, monsieur Koper. Tenez, voici vos billets.

– Des billets? demandai-je.

– Oui. Nous donnons une chance de gagner un vélo de montagne tout neuf à vingt et une vitesses, un modèle pour homme offert par une boutique de vélos de la région. C'est pourquoi je vous remets ces billets. Vous avez donc deux chances de gagner. »

Lorsque j'ai appris que le deuxième billet avait remporté le lot gagnant, je ne fus même pas surpris. « Je n'arrive pas à croire que tu as gagné ! s'exclama Diane d'un air ravi.

– Ce n'est pas moi qui ai gagné, précisai-je. Il est clair que c'est Émilie. »

Pourquoi n'ai-je pas été le moindrement étonné lorsque le marchand de bicyclettes accepta avec bonne grâce de remplacer le vélo de montagne pour homme annoncé par un modèle neuf pour fille tout à fait superbe ?

Était-ce une simple coïncidence ? Qui sait. Je préfère penser que Dieu avait choisi ce moyen pour remercier une petite fille d'avoir fait un tel sacrifice à un âge aussi précoce – tout en donnant à son père une leçon de charité et de foi en la puissance divine.

ED KOPER

23 ❖ Prenez part aux activités de l'organisme *Habitat pour l'Humanité* et contribuez à la construction de logements pour les sans-abri. Faites le 1-800-Habitat [(514) 695-8313, Pointe-Claire].

> Nous partageons tous le même toit.
>
> Proverbe irlandais

---

24 ❖ Laissez vos enfants être témoins de votre générosité envers les démunis.

> L'attention que vos enfants et vous manifestez à autrui vous mènera plus loin dans la vie que n'importe quel diplôme d'études collégiales ou professionnelles.
>
> MARIAN WRIGHT EDELMAN

J'ignore quelle sera votre destinée,
mais il est une chose que je peux
affirmer: seuls ceux d'entre vous qui
auront cherché et découvert comment
servir connaîtront le bonheur.

ALBERT SCHWEITZER

25 ❖ Proposez de travailler bénévolement pour les Jeux olympiques spéciaux de votre ville.

Si vous souhaitez reprendre courage,
redonnez courage à quelqu'un.

BOOKER T. WASHINGTON

26 ❖ Ne décidez pas de ne rien faire sous prétexte que votre contribution serait trop modeste. Faites ce que vous pouvez.

Je suis seul, mais au moins je suis là ;
Je ne peux tout faire, mais au moins je
    peux quelque chose ;
Et même si je ne peux tout faire,
Je ne refuserai pas de faire ce que je peux.

EDWARD E. HALE

27 ❖ Donnez toujours quelque chose à la quête.

Celui qui n'est pas enclin à donner de ses biens se ment à lui-même lorsqu'il se dit qu'il serait plus généreux s'il était plus riche.

W.S. PLUMER

28 ❖ Lorsqu'un ami est dans le besoin, aidez-le avant même qu'il n'ait à vous le demander.

Ceux qui donnent uniquement lorsqu'on les sollicite ont attendu trop longtemps.

KOBI YAMADA

⟞⟐⟝

La pire maladie du monde moderne n'est
pas la lèpre, ou la tuberculose, mais
plutôt le sentiment d'être rejeté,
oublié, abandonné de tous. La médecine
peut guérir les maux physiques, mais
l'amour est le seul véritable remède
à la solitude, à la détresse et au
désespoir.

MÈRE TERESA

⟞⟐⟝

Une situation difficile

Il y a de nombreuses années, deux garçons travaillaient avec acharnement en vue de parfaire leurs études à l'Université Stanford. Comme leurs économies baissaient dangereusement, ils eurent l'idée d'engager le célèbre pianiste Ignace Paderewski et d'organiser un récital. Ils utiliseraient les fonds ainsi recueillis pour régler leurs frais de pension et de scolarité.

Le gérant du pianiste demanda un dépôt de garantie de deux mille dollars. Même si cela représentait une somme considérable à l'époque, les deux jeunes hommes acceptèrent et commencèrent la promotion du concert. Ils travaillèrent d'arrache-pied pour finalement se rendre compte qu'ils n'avaient amassé que mille six cents dollars.

Après le concert, les deux jeunes hommes annoncèrent la mauvaise nouvelle au virtuose. Ils lui remirent le montant intégral, soit mille six cents dollars, ainsi qu'un billet de reconnaissance de dette de quatre cents dollars, en lui expliquant qu'ils s'engageaient à lui faire parvenir cette somme le plus tôt possible. Il semblait bien que leurs projets d'études étaient gravement compromis.

« Non, les gars, répliqua Paderewski, ça ne marche pas. » En plus de déchirer le billet, il leur rendit l'argent. « Tenez, leur dit-il, déduisez toutes vos dépenses des mille six cents dollars et gardez chacun dix pour cent du solde. Je me contenterai du reste. »

Les années s'écoulèrent, la Première Guerre mondiale éclata, puis vint à passer. Paderewski, qui était alors premier ministre de Pologne, s'efforçait de nourrir les milliers de gens souffrant de la faim dans son pays natal. Herbert Hoover, le responsable du U.S Food and Relief Bureau, était la seule personne au monde capable de lui venir en aide. Hoover acquiesça à sa requête; des milliers de tonnes de nourriture furent expédiées sans délai en Pologne.

Une fois que les vivres furent distribuées aux victimes de la famine, Paderewski se rendit à Paris afin de remercier monsieur Hoover de lui avoir porté secours.

« Ce n'est rien, monsieur Paderewski, répondit Hoover. D'ailleurs, vous l'avez certainement oublié, mais vous m'avez aidé à me sortir d'une situation pénible à l'époque où j'étudiais à l'université. »

tiré de *The Best of Bits & Pieces*

29 ❖ Ne rappelez jamais à quelqu'un les services que vous lui avez rendus. Rendez simplement service, puis oubliez tout.

Vous devez accorder du temps à vos semblables – faites quelque chose pour eux, ne serait-ce qu'un petit geste, un acte pour lequel vous ne recevrez aucun autre salaire que le privilège de l'avoir posé.

ALBERT SCHWEITZER

30 ❖ Donnez au moins cinq pour cent de vos revenus à des œuvres de charité.

Dieu ne nous console pas pour que nous nous endormions dans notre confort, mais pour que nous devenions nous-mêmes des consolateurs.

J.H. LOVETT

31 ❖ Incarnez dans votre vie ce que vous souhaitez voir grandir dans le monde.

Seul l'exemple des êtres d'une pureté et d'une noblesse supérieures peut nous inspirer des pensées et des actions magnanimes.

ALBERT EINSTEIN

32 ❖ Votre richesse se ramène à ce qui vous resterait si vous aviez perdu tout votre argent.

Si l'on devait se souvenir de moi uniquement comme d'un joueur de basket-ball talenteux, c'est que j'aurais fait du mauvais boulot dans les autres domaines de ma vie.

ISIAH THOMAS

Exercice du jour

Il y aura toujours plus de plaisir à donner qu'à recevoir. C'est une vérité toute simple ; mais, lorsque vous l'appliquez dans votre vie, la générosité deviendra un choix personnel, une façon d'être plutôt qu'une obligation. Vous vous surprendrez à chercher des occasions de pratiquer la générosité. Voici quelques suggestions pour la journée.

• Laissez une pièce de vingt-cinq cents dans un endroit où un enfant pourra la trouver.

• Sautez un repas et donnez ce qu'il vous aurait coûté à un sans-abri.

• Proposez au conducteur de l'auto avec qui vous voyagez de défrayer les frais de stationnement et les droits de péage.

• Achetez ce que les enfants offrent dans les ventes de garage.

• Donnez généreusement pour appuyer la recherche médicale sur le diabète.

Les petits plaisirs

Le plus cher et
le plus précieux

Dans son ouvrage à succès *Solitude face à la mer*, Anne Morrow Lindbergh fait remarquer que « lorsqu'ils parlent de la vie, les sages ne nous mettent pas en garde contre la simplicité, mais contre la complexité. Celle-ci ne conduit pas à l'intégration, mais à la fragmentation. Elle n'engendre pas la grâce, mais la destruction de l'âme ».

Nous touchons ici à une vérité admirable : nous avons tous découvert par expérience ce qui est le plus cher et le plus précieux à notre cœur, ce qui fait que nous nous sentons dans notre élément. Il suffit que j'entende les mots *balançoire de véranda, chaise berçante, bain moussant* et *friction du dos* pour que mon cœur s'arrête un moment et soupire. Pour faire silence.

La vie nous invite à faire une pause et à prendre le temps de goûter aux petits plaisirs qu'elle recèle – les levers et couchers de soleil, les champs de tournesols, les baisers de retrouvailles et d'au revoir, le pain sortant du four, les tartes maison, les vitraux, les festivals de tulipes, les pommes au caramel, les balades au clair de lune, la berceuse des criquets, le plaisir de siffloter, d'entendre et de dire « je t'aime », les chatouilles, les chansons sous la douche, la vision d'un être cher qui dort, la tournée des kiosques des maraîchers, les vœux sous une pluie d'étoiles filantes, les câlins, les vieux édredons, les taies d'oreiller brodées, l'enfant de trois ans qui chante l'abécédaire, les cardinaux rouges sur la neige blanche, l'odeur des draps mis à sécher dehors, les bébés que l'on berce, les pyjamas de flanelle confortables et les chaudes pantoufles, le chien qui agite la queue en nous voyant, les repas pris en famille, les violettes en pot sur le rebord de la fenêtre, le son de l'harmonica, le chant du coq à l'aube, les sculptures de glace du bonhomme hiver sur les carreaux de la fenêtre, le café savouré à petites gorgées, les matins à paresser au lit, les lettres écrites à la main, l'histoire racontée à un enfant pour l'endormir, le rituel de la prière avant le coucher, le jeu de la souris verte, le bruit de la mer dans les coquillages ramenés des plages lointaines, les vieux jeans confortables, les éclairs de génie, les nuits où l'on s'endort la conscience en paix, les bonjours sonores des voisins par-dessus la haie.

La vie lance une invitation à chacun d'entre nous. Qu'attendons-nous pour lui répondre ?

1 ❖ Chaque printemps, plantez des fleurs.

Les habitants d'une planète où ne pousserait aucune fleur penseraient sûrement que nous sommes constamment ivres de joie d'être entourés de telles merveilles.

IRIS MURDOCH

2 ❖ Apprenez à préparer une succulente sauce à spaghetti.

Il existe un ingrédient absolument indispensable à la cuisine maison : l'amour à l'égard de ceux pour qui l'on cuisine.

SOPHIA LOREN

3 ❖ Voyez grand, mais sans oublier de savourer les petits plaisirs de la vie.

Bénie soit la personne qui sait apprécier les petits plaisirs, les beautés simples de la vie, les faits quotidiens : le soleil sur les champs, l'oiseau sur la branche, le petit-déjeuner, le dîner, le souper, l'ami qui s'arrête en passant. Tant de gens partent très loin chercher le bonheur qu'ils ont laissé derrière eux, sous le porche de la maison.

DAVID GRAYSON

4 ❖ Adoptez un chien.

Qu'importe si vous êtes sans le sou et ne possédez presque rien, le fait d'avoir un chien vous enrichira.

LOUIS SABIN

Pour l'homme moderne, aucune tâche n'apparaît plus compliquée que d'apprendre à vivre simplement.

HENRY A. COURTNEY

5 ❖ Ajoutez une poignée de guimauves miniatures à votre chocolat chaud.

J'ai un sourire sur la langue.

ABIGAIL TRILLIN

6 ❖ Arrêtez-vous pour regarder le fermier qui laboure son champ.

Contempler le maïs qui grandit
Et les fleurs épanouies.
Peiner derrière la charrue, manier la bêche.
Lire, penser, aimer, prier,
Voilà ce qui fait le bonheur de l'homme.

JOHN RUSKIN

7 ❖ Apprenez à jouer d'un instrument de musique.

Si je pouvais vivre dans un univers de musique, je crois que je n'aurais aucun autre désir. La musique insuffle la vie à mes jambes, m'infuse des idées nouvelles. Lorsqu'elle m'habite, la vie semble couler sans effort.

GEORGE ELIOT

8 ❖ Riez de bon cœur.

Le rire est l'expression localisée d'une sensation de bien-être général.

JOSH BILLINGS

9 ❖ Tenez un journal intime.

Si votre vie vaut la peine d'être vécue, elle mérite d'être consignée dans un journal.

MARILYN GREY

10 ❖ Gardez quelques livres inspirants sur votre table de chevet.

Au cours d'une journée ordinaire, il est un moment plus agréable encore que l'heure passée avec un bon livre avant de dormir, c'est celui où l'on paresse au lit le matin au réveil, un livre à la main.

ROSE MACAULAY

———◦———

... les tic-tac des horloges... les
tournesols de ma mère. La nourriture, le
café. Les robes fraîchement repassées,
les bains chauds... les nuits de sommeil,
les réveils. Oh, terre, tes merveilles
dépassent l'entendement.

THORNTON WILDER, *Our Town*

———◦———

L'avare

Un homme possédait une importante quantité de pièces d'or qu'il avait enterrées dans un coin secret. Chaque jour, il se rendait à cet endroit pour regarder ses pièces d'or et les compter une à une. Il fit si souvent le trajet qu'il attira l'attention d'un voleur qui, à force de l'observer, en vint à deviner ce qu'il avait caché. Une nuit, le voleur déterra secrètement le trésor pour s'en emparer et déguerpir.

Quand il découvrit qu'on l'avait volé, l'homme fut au comble de la douleur et du désespoir. Il se mit à gémir, à pleurer au point de s'arracher les cheveux.

Témoin de la scène, un voisin lui fit cette remarque: «Ne vous en faites pas autant. Déposez simplement une pierre dans le trou et imaginez qu'il s'agit de votre or. Cela fera aussi bien l'affaire car, lorsque l'or y était, vous ne vous en serviez pas».

ÉSOPE

11 ❖ Passez quelque temps seul.

Lorsque nous ne pouvons souffrir d'être seuls, cela signifie que nous n'apprécions pas à sa juste valeur le seul compagnon que nous aurons de la naissance à la mort – nous-mêmes.

EDA LeShan

12 ❖ Achetez des légumes aux fermiers qui annoncent leurs produits sur le bord de la route.

Il est difficile d'entretenir des pensées sombres en mangeant une tomate cueillie au jardin.

LEWIS GRIZZARD

13 ❖ Ne passez pas à côté des petits bonheurs de l'existence, en poursuivant les plus grandes joies qu'elle peut apporter.

Savourez les joies toutes simples de la vie – le feu de bois qui crépite, la splendeur du couchant, la caresse d'un enfant, un baiser derrière l'oreille.

JOHN ANTHONY

14 ❖ Achetez une mangeoire pour les oiseaux et installez-la près d'une fenêtre de votre cuisine.

Ce n'est ni pour sa qualité musicale, ni même pour son originalité que nous apprécions le chant de l'oiseau, mais pour l'effet qu'il produit sur l'esprit humain.

LEN EISERER

15 ❖ Apprenez trois histoires vraiment drôles que vous serez toujours prêt à raconter pour amuser les enfants.

Le rire est le meilleur moyen d'entrer en communion avec autrui.

ROBERT FULGHUM

⸻➤●◆◄⸻

16 ❖ Ne devenez pas l'esclave de vos biens.

Vos obligations augmentent au même rythme que vos possessions.

ALICE DORMANN

17 ❖ Passez moins de temps devant la télé.

Il y a des jours où n'importe quel appareil électrique, y compris l'aspirateur, semble offrir des possibilités de divertissement supérieures à celles du téléviseur.

HARRIET VAN HORNE

---

18 ❖ Faites des balades à la campagne le dimanche en après-midi.

Je crois que cela doit embêter Dieu lorsque vous passez sans remarquer les taches de couleur pourpre qui constellent un champ.

ALICE WALKER

19 ❖ Devenez membre d'une chorale.

Ne craignez pas d'exercer le moindre talent que vous possédez. Imaginez comme les forêts seraient silencieuses si seuls les meilleurs oiseaux chanteurs se risquaient à chanter.

HENRY VAN DYKE

20 ❖ De temps à autre, regardez *Sesame Street.*

Nous ne sommes enfants qu'une fois, mais nous pouvons laisser vivre à jamais l'enfant qui est en nous.

BROCK TULLY

Une prison pour les sens

Je veux aller danser, porter une robe qui ondule et virevolte autour de moi. Je veux rire.

Je veux sentir l'étoffe soyeuse glisser le long de mes bras et de mon corps, entendre son léger froufrou entre mes doigts.

Je veux dormir dans mon lit, me prélasser entre des draps propres et bien lisses, reposer ma tête sur mon oreiller bien moelleux. Je veux aller dormir quand cela me chante, éteindre toutes les lumières et me lever seulement quand j'en ai envie.

Je veux m'allonger sur mon divan, m'envelopper dans ma chaude couverture de lainage bleue et écouter ma musique préférée s'échapper des enceintes acoustiques. Je veux qu'elle pénètre mon être et irrigue les déserts de mon âme.

Je veux m'asseoir sur la galerie de ma maison, siroter un café dans ma tasse en grès en lisant le journal, entendre le chien aboyer après les écureuils effrontés et les feuilles soulevées par le vent.

Je veux répondre au téléphone, appeler ma famille et mes amis, rire avec eux et parler jusqu'à ce que nous ayons fait le tour de ce que nous avions à nous dire.

Je veux entendre le sifflet du train qui traverse Loveland, le gravier qui crisse sous les pneus et les portières des autos qui se referment bruyamment quand des amis viennent. Et l'argenterie qui tinte sur la porcelaine, les glouglous de la cafetière.

Je veux sentir, de mes pieds nus, la blanche fraîcheur du parquet de ma cuisine, le confort douillet du tapis bleu de ma chambre.

Je veux voir toute la palette des couleurs, chaque teinte jamais sortie du néant. Le blanc, le vrai blanc, parfait et immaculé. Des hectares de forêts vertes, le ruban jaune s'étirant sur des kilomètres d'autoroute. Des mètres de guirlandes de Noël illuminées. Et la lune, bien sûr.

Je veux sentir l'odeur du bacon qui grésille, du steak mis à griller, des dîners de l'Action de grâce, des tomates du jardin de mon père. Humer le linge fraîchement lavé. Et la mer.

Mais plus encore, je veux regarder, debout dans l'embrasure de la porte, mon fils endormi dans sa chambre. L'entendre se lever le matin et le voir rentrer à la maison le soir. Toucher son visage, passer mes doigts dans ses cheveux, me promener avec lui dans son camion, manger les sandwichs au fromage grillé qu'il prépare.

Et le regarder vivre, grandir, rire, s'amuser, manger, conduire son camion. Surtout, surtout, le regarder vivre. L'entourer de mes bras et le serrer jusqu'à ce qu'il proteste en riant : « Assez, maman ! »

Et pouvoir recommencer n'importe quand.

DEBORAH E. HILL
(texte rédigé en prison)

———❦———

L'homme le plus riche

est celui qui sait

se contenter de peu.

SOCRATE

———❦———

21 ❖ Allez dans une animalerie de temps à autre et observez les enfants qui regardent les animaux.

Mis à part l'homme, tous les animaux savent que la joie suprême consiste à jouir de la vie.

SAMUEL BUTLER

22 ❖ Étendez-vous sur le dos et contemplez les étoiles.

Soyez content de vivre, car l'occasion vous est donnée d'aimer, de jouer et de lever les yeux vers les étoiles.

HENRY VAN DYKE

23 ❖ Apprenez à réussir un bon chili.

La maison, c'est l'endroit où une marmite de soupe mijote sur le feu en répandant de délicieux arômes dans la cuisine... qui réjouissent le cœur et ensuite l'estomac.

KEITH FLOYD

24 ❖ Chaque automne, amusez-vous à râteler un immense tas de feuilles mortes et sautez-y en compagnie d'un être cher.

Lorsque nous évoquons le passé, nous constatons que ce sont les événements les plus simples – non les grandes occasions – qui, après coup, sont baignés de la plus brillante aura de bonheur.

BOB HOPE

25 ❖ Rêvassez.

Réservez un coin secret de votre
cœur, un lieu de silence où vos rêves
peuvent trouver refuge.

LOUISE DRISCOLL

26 ❖ Prenez le temps de humer les roses.

Ce qu'il y a de tragique dans la
nature humaine, c'est que nous avons
tous tendance à remettre notre vie à plus
tard. Nous rêvons tous d'un jardin de
roses idéal au bout de l'horizon – au lieu
d'apprécier les roses qui s'épanouissent
aujourd'hui au bord de notre fenêtre.

DALE CARNEGIE

27 ❖ Quand vous irez au cinéma, achetez des *Junior mints* et mettez-en sur votre pop-corn.

Ce qui importe avant tout, ce ne sont pas tant les grands bonheurs que de savoir apprécier au maximum les petits plaisirs.

JEAN WEBSTER

28 ❖ Chantez sous la douche.

Les gestes simples et quotidiens que nous accomplissons à la maison sont plus importants pour notre âme que leur simplicité le laisse supposer.

THOMAS MOORE

29 ❖ Prélassez-vous dans un
bain moussant à la lueur
de chandelles parfumées
à la vanille.

Je connais peu de choses qu'un bain
chaud ne saurait soulager.

SYLVIA PLATH

30 ❖ Commencez chaque
journée en écoutant
votre musique préférée.

La musique, c'est l'amour qui se
cherche une voix.

SIDNEY LANIER

L'insensé cherche le bonheur au loin,
le sage le cultive sous ses pieds.

JAMES OPPENHEIM

31 ❖ Contemplez un coucher de soleil.

Lorsque je ne célèbre pas la beauté de chaque journée, ce que je perds ne me sera jamais rendu.

SALLY P. KARIOTH

---

32 ❖ Sachez vous entourer constamment de beauté, ne serait-ce qu'une marguerite posée dans un bocal de verre.

La beauté du monde qui nous entoure est tributaire de ce que nous y contribuons.

RALPH WALDO EMERSON

33 ❖ Empruntez de temps à autre la route panoramique.

Je suis convaincue que les jours les plus heureux, les plus lumineux, ne sont pas ceux marqués par un événement formidable, excitant ou exceptionnel, mais plutôt ceux où les petites joies se succèdent en douceur, comme des perles qui s'égrènent d'un collier.

LUCY MAUD MONTGOMERY

34 ❖ Soyez reconnaissant de ce que vous avez.

Chaque matin, je dis en m'éveillant : « Seigneur, je ne souhaite rien de meilleur, simplement davantage de ce que j'ai déjà ».

KITTY HART

35 ❖ N'enviez pas les voisins.

Quand saurez-vous que vous avez
tout ce qu'il vous faut? Et que ferez-
vous par la suite?

BARBARA DE ANGELIS

36 ❖ Apprenez à créer de la beauté avec vos mains.

Chaque enfant naît artiste. Ce qui
est difficile, c'est de le demeurer en
devenant un adulte.

PABLO PICASSO

Un vol d'oies sauvages

Hier, j'ai vu un vol d'oies sauvages faisant route vers le sud sur un fond de ciel embrasé par les feux éphémères du couchant. Appuyé contre la statue d'un lion trônant devant le Chicago Art Institute, je regardais les gens compléter leurs achats de Noël en marchant d'un pas pressé sur Michigan Avenue. En baissant les yeux, j'ai aperçu à quelques mètres une itinérante qui, tout comme moi, avait vu la volée d'oies. Son regard croisa le mien et nous avons échangé un sourire silencieux, comme pour signifier que nous avions partagé cette vision exceptionnelle, symbole du mystère de la lutte pour la survie. La femme s'éloigna en traînant les pieds et je restai saisi en l'entendant se dire à elle-même : « Dieu me gâte vraiment ».

Est-ce que cette femme, cette pauvre itinérante, voulait plaisanter ? Non. Je crois que la vision de la volée d'oies sauvages était venue l'arracher, quoique brièvement, à la dure réalité de la lutte qu'elle menait elle-même. J'ai compris un peu plus tard que de tels moments la nourrissaient intérieurement, qu'ils lui permettaient de supporter l'humiliation de la rue. Son sourire était vrai.

La vision des oies sauvages était son cadeau de Noël. La preuve que Dieu existait. Et cela lui suffisait.

J'envie cette femme.

FRED LLOYD COCHRAN

La vie ne doit pas se résumer à obtenir tout ce que l'on désire.

MAURICE SENDAK

37 ❖ Quel que soit votre âge, arrêtez-vous de temps à autre dans un terrain de jeu pour vous balancer.

C'est un don précieux que celui de savoir s'amuser.

RALPH WALDO EMERSON

---

38 ❖ Bercez un enfant pour l'endormir et savourez la paix et la satisfaction que cela vous apportera.

Je découvre peu à peu que les véritables joies de l'existence nous sont apportées en fait par les petites choses, les beautés toutes simples de la vie.

LAURA INGALLS WILDER

39 ❖ Faites un petit somme le dimanche après-midi.

Pour un soulagement rapide,
essayez de ralentir vos activités.

LILY TOMLIN

40 ❖ Lisez la page des bandes dessinées.

Une journée où l'on ne rit pas est
une journée manquée.

NICOLAS CHAMFORT

41 ❖ La vie vous fait parfois cadeau de moments magiques. Sachez les savourer.

Nous ne gardons pas le souvenir des jours. Nous conservons le souvenir de certains instants.

CESARE PAVESE

42 ❖ Ne manquez jamais de prendre vos vacances annuelles.

Il faut viser deux objectifs dans la vie : le premier consiste à obtenir ce que l'on désire ; ensuite, il faut profiter de ce que l'on a acquis. Ce deuxième objectif n'est atteint que par la portion la plus sage de l'humanité.

LOGAN PEARSALL SMITH

D'année en année, le monde nous emporte dans un tourbillon d'une complexité toujours plus déconcertante. C'est pourquoi il est d'autant plus essentiel que nous recherchions tous la paix et le réconfort dans les choses simples de l'existence.

Woman's Home Companion
Décembre 1935

43 ❖ N'adoptez pas rien qu'un chaton. Deux, c'est beaucoup plus amusant et pas plus de travail.

Il est impossible de demeurer tendu en regardant un chat dormir.

JANE PAULEY

44 ❖ Savourez pleinement chaque journée.

Chaque heure de lumière et d'obscurité est pour moi un miracle. Chaque centimètre cube d'espace est un pur miracle.

WALT WHITMAN

Exercice du jour

E n manœuvrant, en zigzaguant comme un bolide sur un parcours semé d'obstacles, d'horaires trop chargés et de délais insuffisants, il est facile d'oublier que vous pouvez trouver une profonde satisfaction et un sentiment de plénitude là où vous *êtes*, avec ce que vous *possédez déjà*. Voici six activités très simples qui se révéleront certainement un baume pour l'esprit et un délice pour les sens.

- Glissez un petit mot d'amour dans la boîte à lunch de votre enfant.

- Saluez de la main les enfants à bord des autobus scolaires.

- Achetez à votre mère un livre que vous croyez qu'elle aimera.

- Procurez-vous la bande sonore du film *Meet Joe Black* pour entendre Israël Kamakawiwo interpréter «Somewhere Over the Rainbow/What a Wonderful World» en s'accompagnant uniquement au ukulélé. C'est particulièrement beau et inspirant.

- Sucrez vos céréales de flocons d'avoine avec du véritable sirop d'érable.

- Réchauffez vos dessous dans la sécheuse avant de les porter.

L'attitude

C'est notre décision

Un chat acculé contre la clôture par un chien du voisinage. Voilà une scène assez familière. Le chat fait le gros dos, double sa taille comme par magie ; il siffle comme un serpent et montre les griffes comme un lion enragé. Le chien décide subitement qu'il serait plus sage de courir après les écureuils dans le parc.

Que s'est-il passé ? Le chat a adopté une *attitude* particulière. S'il ne fait pas le poids devant un doberman de trente-cinq kilos, minou donne cependant *l'impression* d'être d'égale force. Et cela peut être considéré en soi comme une victoire.

Chaque jour, nous devons faire face à des gens qui nous cherchent querelle. La façon dont nous nous comportons avec ces personnes détermine notre qualité de vie. L'attitude que nous adoptons prévaut toujours sur les faits et les situations. À l'exemple du chat acculé dans un coin, nous pouvons choisir d'être plus forts que notre peur, de transcender les circonstances.

Je porte souvent une casquette blanche semblable à celles des joueurs de baseball. Sur le devant est inscrit en grosses lettres bleues le mot ATTITUDE. Je la mets en espérant qu'elle sera pour moi une source d'inspiration, de même que pour toute personne qui verra l'inscription. Et cela se produit fréquem-

ment. Je vois les gens lever les yeux et lire silen-
cieusement. Il me semble entendre le déclic dans leur
tête : «Oui. ATTITUDE. L'attitude! C'est une chose
que je dois retenir».

Une décision toute simple donnant des résultats
immédiats.

Lorsque je replace ma casquette, cela me rappelle
que mon attitude a peut-être besoin, elle aussi, d'être
corrigée.

1 ❖ N'oubliez pas qu'une mauvaise attitude nous prive souvent de bien des plaisirs de l'existence.

La vie est, a été et sera toujours ce que nous en faisons.

GRANDMA MOSES

2 ❖ Devenez la personne la plus positive et la plus enthousiaste que vous connaissiez.

Il faut posséder un don pour peindre un tableau ou sculpter une statue et créer ainsi des objets d'une grande beauté. Cependant, c'est un exploit plus brillant encore de façonner et de peindre l'atmosphère et le cadre à travers lesquels nous voyons le monde. Modifier le caractère d'une journée – c'est le sommet de l'art.

HENRY DAVID THOREAU

3 ❖ Pardonnez vite.

Mon chien et mon chat m'ont donné
une importante leçon sur l'existence... il
est bon de changer de poil.

SUSAN CARLSON

4 ❖ Employez-vous à remonter les gens, pas à les abaisser.

Il est déconseillé d'écraser quelqu'un,
que ce soit au volant d'une auto ou par
des commérages.

Anonyme

5 ❖ Tirez avantage du mieux en faisant fi du pire.

Chaque vie comporte ses heures de lumière et d'obscurité. Le bonheur dépend de celles que l'on choisit de garder en mémoire.

Anonyme

―――❖―――

6 ❖ N'oubliez pas que vous disposez en tout temps de trois puissants recours : l'amour, la prière et le pardon.

Le soir venu, je remets mes problèmes entre les mains de Dieu. De toute manière, Il sera debout toute la nuit.

Carrie Westingson

7 ❖ N'oubliez pas que le bonheur est le fruit de l'oubli de soi.

Pourquoi n'êtes-vous pas heureux ? C'est que quatre-vingt-dix-neuf pour cent de vos actes, de vos pensées et de vos paroles sont centrés sur vous-même.

WU WEI-YEH

8 ❖ Soyez de bonne humeur, même lorsque le cœur n'y est pas.

Il y a des jours où l'on n'a pas envie de chanter. Chantez quand même.

EMORY AUSTIN

—⟫◆⟪—

L'homme dépourvu du sens de l'humour
ressemble à une voiture sans ressorts:
le moindre caillou sur la route le
secoue désagréablement.

HENRY WARD BEECHER

—⟫◆⟪—

9 ❖ N'oubliez pas qu'une minute de colère vous prive de soixante secondes de bonheur.

Vous commencez à vivre pleinement lorsque vous prenez conscience que chaque moment consacré aux idées noires est une pure perte de temps.

RUTH E. RENKL

10 ❖ Le matin, en arrivant au travail, que vos premières paroles ensoleillent la journée de chacun.

Le bonheur est contagieux : devenez porteur.

ROBERT ORBEN

11 ❖ Évitez de vous plaindre.

Qu'importe si vous avez mal dormi, si vous souffrez d'un mal de tête, de la lèpre, de la sciatique ou autre... si vous avez été frappé par la foudre. Je vous conjure par tous les saints du ciel de vous taire. Ne profanez pas le jour qui commence.

RALPH WALDO EMERSON

12 ❖ Il est normal de vous apitoyer sur vous-même, mais ne laissez pas cela durer plus de cinq minutes.

En revenant sans cesse sur le même objet, la pensée contribue à son expansion.

NORMAN VINCENT PEALE

13 ❖ Réjouissez-vous de ce que vous avez, tout en travaillant à obtenir ce que vous souhaitez.

On m'a tant donné que je n'ai pas le temps de penser à ce que je n'ai pas reçu.

HELEN KELLER

---

14 ❖ Ne tenez rien pour acquis : prenez soin de vos amis, de votre santé et de votre mariage.

Pensez au bonheur que vous éprouveriez si, après avoir perdu tous les êtres et les choses qui sont actuellement dans votre vie, ils vous étaient tous rendus.

KOBI YAMADA

L'attitude

L'attitude que j'adopte chaque jour représente le choix le plus important de ma journée. Elle a plus d'influence encore que mon passé, mes études, mes finances personnelles, mes succès ou mes échecs, la célébrité ou la douleur, l'opinion ou les propos des gens à mon sujet, ma situation ou ma position dans la société. Mon attitude me fait gagner ou perdre du terrain... Elle seule peut nourrir mon ardeur ou noyer mes espoirs. Lorsque j'ai la bonne attitude, il n'est aucune barrière trop haute, aucun ravin trop profond, aucun rêve trop grandiose ou aucune entreprise trop ardue pour moi.

CHARLES SWINDOLL

15 ❖ Peu importe si un cheval ou la vie vous jettent par terre, il faut vous remettre en selle au plus tôt.

Le destin d'une personne importe moins que la façon dont elle s'en rend maître.

WILHELM VON HUMBOLDT

16 ❖ Demeurez humble. Beaucoup de choses ont été accomplies avant que vous ne veniez au monde.

Je n'oublie jamais un seul jour, une seule heure ou même un instant que c'est grâce au courage des Afro-Américains qui m'ont précédé que j'ai pu accéder au poste que j'occupe.

COLIN L. POWELL

Il existe un bon et un mauvais côté
et, à chaque instant, je dois choisir
entre les deux.

WILLIAM JAMES

17 ❖ Il y a deux façons pour vous d'aborder un problème : avec peur, ou avec optimisme.

Dans la vie, il n'est aucune difficulté, si grande soit-elle, qui ne puisse être atténuée par la façon dont on choisit de l'envisager.

ELLEN GLASGOW

18 ❖ Soyez à l'affût de l'occasion que recèle chaque coup du sort.

Le pessimiste se concentre sur la difficulté à saisir une occasion ; l'optimiste découvre une occasion favorable dans chaque difficulté qu'il rencontre.

L.P. JACKS

19 ❖ Ne vous attendez pas à ce que la vie soit juste.

Si j'en avais la possibilité, je pourrais être tentée de souhaiter que la vie soit parfaite, mais il me faudrait refuser, car elle n'aurait alors plus rien à m'enseigner.

ALLYSON JONES

20 ❖ N'oubliez jamais qu'il est inutile de rester assis en vous rendant malade d'inquiétude. Cela n'arrangera rien. Seule l'action peut changer les choses.

On ne peut relever ses manches quand on se tord les mains d'inquiétude.

Anonyme

21 ❖ Si vous n'êtes pas prêt à
endosser par écrit ce que
vous dites, taisez-vous.
Cette règle élémentaire
doit s'appliquer à toutes
vos conversations.

Plus on est sobre de paroles, plus il
devient simple de se rétracter.

GEORGE WITHER

22 ❖ Gardez à l'esprit que
l'aspiration à exercer une
influence positive sur la
vie des autres a un impact
encore plus considérable
sur votre propre existence.

Le jeu de la vie rappelle celui du
boomerang: nos pensées, nos paroles et
nos actions nous reviennent, tôt ou tard,
avec une étonnante précision.

FLORENCE SCOVEL SHINN

23 ❖ Les plus terribles situations se dégradent encore davantage sous l'effet de la colère.

Si vous parlez lorsque vous êtes sous l'emprise de la colère, vous ferez le plus beau discours à regretter de votre existence.

AMBROSE BIERCE

24 ❖ Ne laissez pas l'humeur d'une personne déteindre sur la vôtre. Ayez de la classe en toutes circonstances.

Celui qui sourit au lieu de se mettre en colère est toujours le plus fort.

Proverbe japonais

Ce que je veux

Avoir une telle force d'âme que rien ne puisse troubler ma paix intérieure.

Parler de santé, de joie et de prospérité à toute personne que je rencontre.

Faire sentir à tous mes amis qu'ils sont vraiment uniques à mes yeux.

Voir toute chose du bon côté et concrétiser mon optimisme par des actes.

Entretenir des pensées nobles, travailler uniquement pour ce qui est moralement supérieur et n'attendre jamais que le meilleur.

Accueillir le succès d'autrui avec autant d'enthousiasme que s'il s'agissait du mien.

Oublier les erreurs passées et m'orienter résolument vers le succès.

Arborer une joyeuse disposition en tout temps et sourire à tous ceux que je rencontre.

Consacrer de tels efforts à m'améliorer que je n'aie plus une minute pour critiquer autrui.

Avoir l'esprit trop vaste pour me tourmenter, trop noble pour me mettre en colère, trop fort pour céder à la peur et être trop heureux pour accepter l'intrusion du malheur.

Le credo de l'optimiste
CHRISTIAN D. LARSON

25 ❖ Ne gardez pas rancune.

... pendant que vous lui tenez rancune, l'autre s'amuse et va danser.

BUDDY HACKETT

---

26 ❖ Ayez autant d'indulgence pour les fautes d'autrui que pour les vôtres.

Si vous n'apprenez pas à aimer et à pardonner, la souffrance vous suivra où que vous alliez.

EKNATH EASWARAN

27 ❖ Ne sous-estimez jamais le pouvoir du rire.

Si vous deviez choisir un trait de caractère qui vous aide à traverser la vie, optez pour le sens de l'humour.

JENNIFER JAMES

28 ❖ Rappelez-vous qu'il est peut-être bien de se contenter de ce que l'on a, mais jamais de ce que l'on est.

L'amélioration a toujours sa place. En fait, nous devrions lui consacrer la plus grande part de notre vie.

LOUISE HEATH LEBER

———◦———

Dieu ne nous laisse pas le choix de
venir au monde ou non. Là n'est pas
la question, puisque cela est hors
de notre contrôle. L'unique question,
c'est de décider comment vivre.

HENRY WARD BEECHER

———◦———

29 ❖ Rappelez-vous que le besoin de possessions matérielles décroît à mesure que grandit l'estime de soi.

La richesse ne consiste pas en l'abondance de biens matériels; elle naît plutôt du contentement de l'esprit.

MOHAMMED

30 ❖ Ne vous enflez pas la tête.

Laissez votre ego au vestiaire.

QUINCY JONES

31 ❖ Ne sous-estimez jamais la puissance et les possibilités de l'esprit humain.

Le monde est rempli de souffrance, mais aussi de victoires remportées sur celle-ci.

HELEN KELLER

---

32 ❖ Ne vous attribuez pas tout le mérite.

Sans l'aide des autres, vous ne pourriez atteindre vos buts. Personne ne s'est fait tout seul.

GEORGE SHINN

Notre bonheur ou notre malheur

dépendent en large part de notre

attitude mentale, non des circonstances.

MARTHA WASHINGTON

33 ❖ Apprenez à rire de vous-même.

Heureux celui qui a appris à rire de lui-même; il aura constamment l'occasion de se divertir.

JOHN BOWELL

---

34 ❖ L'esprit ne peut s'appliquer que sur une seule pensée à la fois; assurez-vous qu'elle soit positive.

Enfin, mes frères, que tout ce qui est vrai, tout ce qui est honorable, tout ce qui est juste, tout ce qui est pur, tout ce qui est agréable, tout ce qui a bon renom, tout ce qui est vertueux et louable, que tout cela soit l'objet de vos pensées.

Philippiens 4,8

Que voyez-vous?

Il existe de multiples variantes de cette histoire qui a été racontée un nombre incalculable de fois au fil des siècles.

Un voyageur approchait d'une grande cité forti-fiée. Avant de pénétrer à l'intérieur des murs de la ville, il s'arrêta pour converser avec un vieil homme qui était assis sous un arbre.

«Quelle sorte de gens habitent cette cité?» demanda le voyageur.

«Là d'où vous venez, comment étaient les gens?» s'étonna le vieil homme.

«La fatalité les poursuit», maugréa le voyageur. «Leur existence est misérable, méprisable, détestable à tous égards.»

«Vous verrez qu'il en est de même ici», fit le vieil homme.

Peu de temps après, un deuxième voyageur en route vers la grande cité s'approcha du vieil homme. Il s'arrêta pour lui demander quelle sorte de personnes il allait rencontrer.

Le vieil homme répéta la question qu'il avait posée au premier voyageur: «Là d'où vous venez, comment étaient les gens?»

Le deuxième voyageur lui fit cette réponse : « Les gens étaient admirables. Bons, généreux, pleins de compassion ».

« Vous verrez qu'il en va de même ici », dit le vieil homme.

35 ❖ Devenez responsable de chaque aspect de votre vie. Cessez de rejeter la faute sur autrui.

On nous enseigne à rejeter la faute sur autrui : notre père, nos sœurs, nos frères, l'école, les professeurs, tout le monde excepté nous-mêmes. Ce n'est jamais vraiment notre faute. Mais nous sommes TOUJOURS responsables de nos actes. S'il faut que nous changions, c'est à nous de changer. C'est aussi simple que cela.

KATHERINE HEPBURN

36 ❖ Lorsque vous portez un jugement sur vous-même, utilisez vos propres critères, non ceux d'autrui.

Ne cherchons pas à être meilleur ou pire aux yeux des autres, mais efforçons-nous de devenir meilleur à nos propres yeux.

MARCUS GARVEY

37 ❖ **Apprenez par cœur cette réflexion de l'entraîneur Lou Holtz : « Dix pour cent de ma vie correspond à ce qui m'arrive et quatre-vingt-dix pour cent à la façon dont j'y réagis. »**

Le bonheur ne tient pas à un ensemble de circonstances particulières, mais plutôt à certaines attitudes choisies.

HUGH DOWNS

❖❖❖

38 ❖ **Appréciez ce que vous avez.**

Pour ce jour et les bonheurs qu'il apporte, je dois reconnaissance à l'univers.

CLARENCE E. HODGES

39 ❖ Apprenez à demeurer
sereins au milieu des
difficultés; elles ouvrent
des perspectives nouvelles
et offrent des occasions
de croissance.

Ce qui fait le plus mal, ce n'est pas
tant la souffrance que la résistance que
nous lui offrons.

JEAN NICOLAS GROLL

40 ❖ Si vous cherchez le pire
chez les gens et dans la
vie en général, vous le
trouverez. Mais si vous êtes
à l'affût du meilleur, c'est
cela que vous trouverez.

Votre façon de voir est le reflet de votre
pensée et celle-ci reflète simplement ce
que vous choisissez de voir.

Un cours sur les miracles

Exercice du jour

Nous savons tous qu'il est important de conserver une attitude positive. Toutefois, certains jours, nous avons peine à nous brancher sur cette énergie. Les suggestions suivantes pourront se révéler utiles lorsque vous aurez besoin de renforcer votre attitude. Il est étonnant de constater à quel point un petit geste peut changer les choses.

- Complimentez ou encouragez une personne qui ne s'y attend pas.

- Dites quelque chose de constructif demain matin dès le début de la journée.

- Souriez en répondant au téléphone. La personne à l'autre bout du fil le percevra dans votre voix.

- Améliorez votre attitude en corrigeant votre posture.

- Arrivez avec cinq minutes d'avance à vos rendez-vous.

- La prochaine fois où vous serez tenté de dire «Ça ne fonctionnera jamais», dites plutôt «Qui sait? Cela pourrait réussir».

La vie à deux

L'échange des voeux

Qu'il soit accompli dans un sanctuaire, au milieu d'un jardin ou devant un juge de paix, l'échange des vœux du mariage dure à peine quelques minutes. Pourtant, ces paroles teintées de simplicité ou d'éloquence transcendent le contexte dans lequel elles sont prononcées, car elles scellent un engagement à aimer, quoi qu'il arrive et pour toujours. Deux êtres ne font plus qu'un; le « je » et le « moi » deviennent « nous ».

Je te prends pour époux – pour épouse – *et* promets de rester à tes côtés. De t'aimer *et* te chérir. Dans la maladie *et* dans la santé. Le mot *et* semble bien anodin. Mais est-ce vraiment le cas?

Dans les vœux de mariage, les *et* font le lien entre les hauts et les bas de l'existence qui ne manqueront pas de survenir, puisqu'ils correspondent aux saisons de notre vie. Certaines vérités essentielles sont enchâssées dans ce serment qui exige plus qu'un consentement de la part des jeunes époux. Il est possible que cela soit évident au moment de dire « Oui, je le veux » ou que cela le devienne au fil des jours et des années, alors que les époux s'efforceront de respecter leur engagement mutuel. L'amour ne se résume pas au sentiment amoureux; il est une décision, un choix, un acte volontaire et conscient – supposant la compréhension, le pardon, les concessions mutuelles. Aimer veut dire tenir ferme dans les moments difficiles, quand le « meilleur », l'« abondance », la « santé » semblent s'être envolés. Toutes les difficultés s'aplanissent cependant lorsque les époux, fidèles à leur promesse, continuent de s'aimer *et* de se chérir.

1 ❖ Choisissez votre partenaire de vie avec discernement. Quatre-vingt-dix pour cent de votre existence – votre bonheur ou votre malheur – sera déterminé par cette seule décision.

Existe-t-il une expérience plus grandiose, pour deux âmes humaines, que de sentir qu'elles sont unies pour la vie – pour s'épauler dans leurs tâches, se soutenir dans les épreuves, prendre soin l'une de l'autre et vivre la séparation finale dans un silence tissé de souvenirs indicibles.

GEORGE ELIOT

2 ❖ Mariez-vous uniquement par amour.

À présent, unissez vos mains en même temps que vos cœurs.

WILLIAM SHAKESPEARE

———❋———

Personne, pas même le poète, n'a
pris la juste mesure du coeur.

ZELDA FITZGERALD

———❋———

3 ❖ Chaque jour, même un tant soit peu, cherchez à améliorer votre union.

Tendez-moi vos mains ; prenez sa main, et vous, la sienne. Promettez-vous un amour qui s'épanouira encore au déclin de votre vie.

WILLIAM SHAKESPEARE

4 ❖ Soyez romantique.

Plusieurs se trompent profondément de nos jours en croyant que l'amour sert l'intérêt personnel. Il n'en est rien. L'amour doit être nourri, entretenu, constamment renouvelé. Cela requiert de l'ingéniosité et de la réflexion – mais, avant tout, il faut y consacrer du temps.

DAVID R. MACE

5 ❖ Fêtez votre anniversaire de mariage toute la journée.

Existe-t-il quelque chose de plus beau que la pureté de l'amour de jeunes gens qui unissent leurs mains et leur cœur pour avancer sur le chemin de la vie à deux ? Est-il rien de plus sublime que l'amour naissant ? À cette question, on peut apporter la réponse suivante : « Oui, il existe quelque chose de plus beau. C'est l'image d'un homme et d'une femme âgés qui arrivent ensemble au bout de ce chemin. Leurs mains noueuses sont encore unies, leurs visages creusés de rides rayonnent toujours. Dans leurs cœurs fatigués, l'amour et l'attachement qu'ils ont l'un pour l'autre demeurent aussi vifs. Oui, la beauté de l'amour nouveau est surpassée par celle de l'amour mûri par les années. »

A. L. ALEXANDER

6 ❖ Les enfants, les unions et les jardins de fleurs reflètent le soin qu'on prend d'eux.

L'herbe n'est pas plus verte chez le voisin, mais là où l'on en prend grand soin. Si l'herbe est sèche chez vous, que faites-vous ou qu'omettez-vous de faire pour qu'il en soit ainsi?

Sermon de la cérémonie du mariage

7 ❖ Devenez le meilleur ami de votre partenaire de vie.

Deux âmes, mais une même pensée; deux cœurs qui battent à l'unisson.

Von Munch Bellinghausen

Ils disent que deux êtres ne formeront
plus qu'un; ils parlent sûrement de nous.

ANNE BRADSTREET

8 ❖ Soyez le premier à pardonner.

Le sage s'empresse de pardonner; il sait à quel point le temps est précieux et se refuse à le perdre inutilement.

RAMBLER

9 ❖ Rappelez-vous qu'une femme ne se lasse jamais d'entendre les mots « je t'aime », « ma chérie », et « quelle chance j'ai de t'avoir rencontrée ».

L'amour n'est qu'une partie de l'existence d'un homme, mais il est toute la vie d'une femme.

LORD BYRON

10 ❖ Glissez un mot d'amour dans les bagages de votre conjoint avant qu'il parte en voyage.

Plus que les baisers, les lettres permettent aux amants de joindre leurs âmes.

John Donne

⟞⟞◆⟝⟝

11 ❖ Il n'est pas de plus grand bonheur sur terre que celui d'aimer et d'être aimé.

Le cœur d'une femme est la possession la plus précieuse à laquelle un homme puisse aspirer en ce monde.

Josiah G. Holland

Les femmes de Weinsberg

Les femmes vivant à l'intérieur des murs du château de Weinsberg, en Allemagne, n'ignoraient pas que celui-ci abritait de précieux trésors: de l'or, de l'argent, des bijoux et des richesses inimaginables.

Mais un jour de l'an 1141, ce trésor fut convoité par une armée ennemie qui encercla le château. Elle exigea la reddition de la forteresse et de toutes les richesses qu'elle renfermait ainsi que la mise à mort de tous les hommes qui l'habitaient. Il n'y avait d'autre choix que de se rendre.

Le commandant de l'armée conquérante avait imposé certaines conditions pour laisser partir les femmes et les enfants en toute sécurité, mais les femmes refusèrent de quitter le château de Weinsberg avant que l'une de leurs demandes ne soit satisfaite. Elles exigeaient en effet qu'on les laisse partir les bras chargés de tous les biens qu'elles pouvaient porter. Comme il paraissait impossible que les femmes entament ainsi l'immense trésor, leur requête fut acceptée.

Lorsque les portes du château s'ouvrirent, les soldats ennemis eurent les larmes aux yeux en voyant chacune des femmes portant son époux dans ses bras.

Les femmes de Weinsberg étaient parfaitement conscientes des vraies richesses qu'abritait le château.

12 ❖ Inventez un signe que vous et votre partenaire serez les seuls à connaître, afin de pouvoir vous exprimer votre amour d'un bout à l'autre d'une salle bondée.

Il n'y avait rien de mystérieux ou d'obscur – simplement quelque chose de personnel. Nul autre secret qu'une ancienne forme de communication entre deux personnes.

EUDORA WELTY

---

13 ❖ Ne ratez jamais une occasion de dire à une personne que vous l'aimez.

Non seulement j'aime être aimé, mais j'aime aussi qu'on me le dise; le royaume du silence s'étend bien assez loin par-delà le tombeau.

GEORGE ELIOT

———◆———

Une union réussie implique que l'on
tombe amoureux à plusieurs reprises,
mais toujours de la même personne.

MIGNON MCLAUGHLIN

———◆———

14 ❖ Soyez plein d'attentions à l'égard de votre conjoint en présence de vos enfants, afin qu'ils sachent combien vous l'aimez et le chérissez.

Pour qu'un mariage soit heureux, il faut en premier lieu épouser la personne que nous aimons. Et pour qu'il soit réussi, il faut aimer la personne que nous avons épousée.

TOM MULLEN

---

15 ❖ Respectez l'intimité de l'autre.

Être constamment ensemble, c'est bien – mais seulement pour les jumeaux siamois.

VICTORIA BILLINGS

16 ❖ Souvenez-vous que le succès de la vie à deux repose sur deux conditions : (1) trouver la bonne personne ; (2) être la bonne personne.

Nous croyons souffrir parce que nous ne sommes pas aimés. Mais ce n'est pas le cas. Nous souffrons de ne pouvoir *donner* notre amour, car c'est cela qui nous permet de nous épanouir. La société nous fait croire que notre bien-être dépend de l'amour que nous recevons d'autrui. Ce genre de non-sens est à l'origine de plusieurs des difficultés que nous rencontrons. La vérité, c'est que notre bien-être dépend de l'amour que nous donnons. L'important, ce n'est pas ce qui revient vers nous, mais ce qui émane de nous et va vers les autres.

Alan Cohen

17 ❖ Réservez un soir par semaine juste pour vous deux.

Pour qu'un feu flambe longtemps, il suffit de suivre une règle très simple : maintenir les bûches ensemble, assez près pour conserver la chaleur, mais assez distancées pour que l'air puisse circuler. Un bon feu, une vie à deux heureuse... la même règle s'applique.

MARNIE REED CROWEL

18 ❖ Même si vous êtes fâché contre votre conjoint, ne faites jamais chambre à part.

Que le soleil ne se couche jamais sur votre ressentiment.

Éphésiens 4,26

Le cadeau des rois mages

Della sécha ses larmes et se poudra le visage. Debout près de la fenêtre, elle regardait distraitement un chat gris marcher sur une clôture grise dans la grisaille du jardin. Demain, ce serait Noël et il ne lui restait que 1,87 $ pour acheter un cadeau à Jim. Elle avait mis de côté depuis des mois chaque pièce qu'elle pouvait pour arriver à ce résultat. Avec vingt dollars par semaine, il était difficile de faire mieux. Les dépenses avaient été plus élevées que prévu. Comme toujours. Seulement 1,87 $ pour acheter le cadeau de Jim. Son Jim. Elle s'était souvent amusée à imaginer ce qu'elle pourrait lui offrir. Un objet rare, raffiné, en argent – qui soit assez précieux pour mériter de lui appartenir…

Or, deux choses faisaient la fierté du couple Dillingham-Youngs. L'une étant la montre en or de Jim, qui avait appartenu à son père et son grand-père, et l'autre, la chevelure de Della. Si la reine de Saba avait habité l'appartement en face du puits d'aération, Della aurait éclipsé l'éclat des bijoux et des parures de Sa Majesté simplement en laissant sécher ses cheveux à la fenêtre. Et si le roi Salomon avait été concierge de l'immeuble, avec tous ses trésors empilés au sous-sol, Jim n'aurait eu qu'à passer devant lui en sortant sa montre pour le faire mourir d'envie.

La magnifique chevelure de Della ruisselait autour de son corps; ses longues mèches brunes et soyeuses frôlaient ses genoux et la paraient comme un vêtement. Elle se refit une beauté avec des gestes nerveux et rapides. Elle s'arrêta une seule fois, resta immobile un moment. Une ou deux larmes tombèrent sur le tapis.

Della enfila sa vieille veste brune, se coiffa d'un chapeau brun défraîchi. La jupe virevoltante, le regard étincelant, elle franchit la porte et descendit l'escalier en touchant à peine le sol.

L'enseigne devant laquelle Della s'était arrêtée portait l'inscription suivante: «Mme Sofronie. Produits capillaires.» Elle grimpa les marches à la course, puis fit une pause pour reprendre haleine. Madame Sofronie avait le teint blême, un air glacial, une forte stature.

«Voulez-vous acheter mes cheveux? demanda Della.

– J'achète des cheveux, répondit Madame. Enlevez votre chapeau et montrez-les-moi. »

Les longues boucles brunes tombèrent en cascade.

«Vingt dollars», dit la dame en soulevant la masse d'une main experte.

«Je les veux tout de suite», dit Della.

Elle passa les deux heures suivantes sur un nuage rose. Pardonnez la faiblesse de cette métaphore. Elle fouilla de fond en comble tous les magasins pour trouver le cadeau parfait pour Jim.

Elle finit par le trouver. Ce cadeau avait sûrement été fabriqué expressément pour lui.

Elle n'avait vu aucun article semblable dans tous les autres commerces, même si elle les avait mis sens dessus dessous. Il s'agissait d'une chaîne en platine pour montre de gousset, de facture sobre et dépouillée. Sa valeur était manifestée par le matériau lui-même, non par du clinquant, ainsi qu'il doit en être pour tout objet de qualité. Elle était même digne de la Montre. Dès l'instant où elle l'aperçut, Della sut qu'elle était faite pour Jim. Elle lui ressemblait. Discrétion et valeur – cette description correspondait à l'un comme à l'autre. Elle paya les vingt-et-un dollars exigés et se précipita à la maison avec quatre-vingt-sept cents en poche. Avec cette chaîne de montre, Jim ne serait nullement gêné de s'inquiéter de l'heure en présence de qui que ce soit. Bien que sa montre soit magnifique, il arrivait que Jim la consulte à la dérobée, à cause de la lanière de cuir usée qui lui tenait lieu de chaîne.

Lorsque Della arriva à la maison, sa fébrilité disparut pour laisser place au bon sens et à la raison. Elle sortit ses fers à friser, alluma le gaz et entreprit de faire disparaître les dommages causés par une générosité additionnée d'amour. Ce qui s'avère toujours une tâche exigeante, mes chers amis, un tour de force.

En moins de quarante minutes, elle eut la tête couverte de minuscules boucles qui lui donnaient l'air d'un garçon faisant l'école buissonnière. D'un œil critique, longuement, avec la plus grande attention, elle regarda l'image que lui renvoyait le miroir.

«Si Jim ne me tue pas en m'apercevant, pensa-t-elle, il me dira que je ressemble à un petit chanteur de la chorale de Coney Island. Mais je ne pouvais faire autrement – avec 1,87 $, que pouvais-je faire d'autre?»

À dix-neuf heures, le café était chaud et la poêle à frire sur la cuisinière, prête à recevoir les côtelettes.

Jim était toujours à l'heure. Della prit la chaîne de montre dans le creux de sa main et s'appuya sur le coin de la table, près de la porte où il entrait toujours. En entendant son pas sur la première marche de l'escalier, Della blêmit un instant. Il lui arrivait souvent de prier en silence quelques secondes pour demander des choses simples, c'est pourquoi elle murmura: «Mon Dieu, faites qu'il me trouve jolie».

Jim ouvrit la porte et la referma derrière lui. Il avait un air grave et il semblait plus mince que d'habitude. Pauvre garçon, vingt-deux ans à peine et déjà des charges de famille! Il avait besoin d'un manteau neuf et n'avait pas de gants.

Jim resta figé devant la porte, comme un chien d'arrêt flairant le gibier. Il fixa Della du regard avec une expression qu'elle n'arrivait pas à décoder et elle en était terrifiée. Ce n'était pas la colère, la surprise, la désapprobation, l'horreur ou l'un des sentiments auxquels elle s'était préparée. Il se contentait de la regarder fixement avec cette expression bizarre.

Une fois revenu à lui-même, Jim sembla vite retrouver ses esprits. Il entoura Della de ses bras. Si vous le voulez bien, considérons attentivement pendant une dizaine de secondes un sujet d'un ordre tout à fait différent. Huit dollars par semaine ou un million par année – où est la différence ? Le mathématicien ou l'homme d'esprit ne vous donneront pas la bonne réponse. Les Mages offrirent de somptueux présents sans jamais en avoir convenu entre eux. L'explication de cette affirmation sibylline vous sera fournie plus tard.

Jim sortit un paquet de son pardessus et le lança sur la table.

« Surtout, ne te fais pas d'idées fausses à mon sujet, Dell, dit-il. Que ses cheveux soient coupés, lavés ou rasés, je n'en aimerai pas moins ma petite femme. Mais en déballant ce paquet, tu comprendras peut-être pourquoi j'ai eu ce moment d'absence. »

Les doigts blancs et agiles enlevèrent la corde et déchirèrent le papier. Della laissa échapper un cri de joie qui, hélas, se changea aussitôt en une crise de larmes et de plaintes, requérant que le seigneur des lieux déploie sur-le-champ tous ses talents de conso-lateur.

Les Peignes – l'ensemble complet. Celui que Della avait aperçu dans une vitrine sur Broadway et devant lequel elle s'était extasiée. De somptueux peignes en écaille ornés de bijoux – d'une teinte par-faitement assortie à la merveilleuse chevelure dis-parue. Ces peignes valaient cher, elle le savait bien. Elle les désirait par-dessus tout, sans le moindre espoir de les posséder un jour. Et voilà qu'ils étaient bien à elle, mais les tresses qui auraient mis en valeur les parures tant convoitées s'étaient envolées.

Della serra les peignes contre son cœur. Elle leva enfin vers lui des yeux humides et dit avec un sourire : « Mes cheveux poussent si vite, Jim ! »

Puis, tel un chaton aux poils roussis, Della se leva d'un bond. « Oh ! oh ! » s'exclama-t-elle.

Jim n'avait pas encore vu son cadeau. Elle ouvrit la main et lui tendit avec empressement. Le précieux métal mat sembla prendre les reflets étincelants de son enthousiasme et de sa vivacité.

« Elle est super, n'est-ce pas Jim ? J'ai fait le tour de la ville pour la trouver. Tu voudras regarder l'heure cent fois par jour maintenant. Donne-moi ta montre, Jim. Je veux voir l'allure que cela lui donnera. »

Au lieu de lui obéir, Jim se laissa tomber sur le divan, posa les mains derrière sa tête et esquissa un sourire.

« Dell, dit-il. Je suggère que nous rangions nos cadeaux de Noël un certain temps. Ils sont trop beaux pour que nous les utilisions tout de suite. J'ai vendu la montre afin de pouvoir t'acheter les peignes. Et maintenant, si tu mettais les côtelettes à frire. »

Comme vous le savez, les rois mages apportèrent des cadeaux à l'Enfant de la crèche. Ce sont eux qui ont inventé l'art d'offrir des présents à Noël. Ces hommes d'une incroyable sagesse avaient sans doute fait preuve de prudence en choisissant des cadeaux pouvant être échangés au besoin... Je vous ai raconté maladroitement l'histoire un brin mouvementée de deux enfants un peu fous qui ont sacrifié sans réfléchir les plus grands trésors qu'ils possédaient. Toutefois, j'aimerais m'adresser en terminant aux bien-pensants d'aujourd'hui. De tous ceux qui offrent des présents, ces deux-là sont les plus sages. Eux et tous ceux qui leur ressemblent. Où qu'ils se trouvent, ce sont eux les véritables rois mages.

O. Henry

19 ❖ Dites à votre conjointe qu'elle est superbe.

Te comparerai-je à une journée d'été ?

WILLIAM SHAKESPEARE

———————

20 ❖ Souvenez-vous que les meilleures unions sont celles où les deux personnes s'aiment l'une l'autre plus qu'elles n'ont besoin l'une de l'autre.

L'amour ne consiste pas à se regarder l'un l'autre, mais à regarder ensemble dans la même direction.

ANTOINE DE SAINT-EXUPÉRY

Cérémonial apache de la bénédiction du mariage

Vous ne sentirez plus la pluie, car vous serez un abri l'un pour l'autre. Vous ne sentirez plus le froid, car chacun apportera de la chaleur à l'autre. Vous ne sentirez plus la solitude, car vous deviendrez des compagnons l'un pour l'autre. Vous êtes deux corps, mais vous suivrez le même chemin de vie. Allez à présent dans votre demeure commencer votre vie à deux. Et que vos jours sur la terre soient heureux et nombreux.

Lorsque nous avons commencé à nous demander à quoi cela ressemblerait de vieillir ensemble, j'ai su que nous allions nous marier.

JOANNA DOBBS

---

21 ❖ Épousez une personne avec qui vous aimez discuter. En prenant de l'âge, son talent pour la conversation deviendra aussi important que tous les autres.

L'union des esprits surpasse celle des corps.

ÉRASME

22 ❖ Souvenez-vous qu'une union durable se construit sur l'engagement plutôt que sur les avantages qu'elle procure.

Endors-toi, mon cœur,
Mon aimée.
Depuis que tu m'aimes,
Je sais aimer.

ROBERT BROWNING

23 ❖ Le mariage ressemble à une boîte vide. À moins d'y déposer davantage que vous en retirez, elle restera vide.

La malédiction qui pèse sur le mariage tient souvent au fait que les individus associent leurs faiblesses plutôt que leurs forces – chacun demande au lieu de trouver de la joie à donner.

SIMONE DE BEAUVOIR

24 ❖ Soyez super gentil.

Je voudrais faire graver ces mots à l'intérieur de chaque anneau de mariage : « Soyez bons l'un pour l'autre ». C'est la règle d'or de la vie à deux et le secret pour faire durer l'amour.

RUDOLPH RAY

Conseils aux époux
1886

Que votre amour soit plus fort que votre ressentiment ou votre colère. Apprenez l'art du compromis, car il vaut mieux plier légèrement que de rompre.
Croyez au meilleur plutôt qu'au pire ; les gens sauront
répondre à l'opinion positive ou négative que vous
avez d'eux. N'oubliez pas que l'amitié véritable constitue l'assise de toute relation durable. La personne
que vous avez choisi d'épouser mérite que vous la
traitiez avec courtoisie et gentillesse, comme vous le
faites avec vos amis. Et, je vous en prie, enseignez à
vos enfants et vos petits-enfants à agir de la sorte, car
plus ça change, plus c'est la même chose.

JANE WELLS

25 ❖ Ne discutez d'aucun sujet important devant un poste de télé ouvert.

La télévision a prouvé que les gens préfèrent regarder n'importe quoi plutôt que de se regarder les uns les autres.

ANN LANDERS

26 ❖ Sachez reconnaître l'amour authentique, celui qui fait passer le bonheur de l'autre avant le sien.

Notre erreur, c'est de chercher à être aimé plutôt qu'à aimer.

CHARLOTTE YONGE

27 ❖ Créez et préservez la paix dans votre demeure.

Lorsque la paix règne dans une demeure, elle devient un lieu aussi sacré qu'une chapelle ou une cathédrale.

BILL KEANE

28 ❖ Lorsque vous avez un différend avec votre conjoint, présentez-lui des excuses, que vous ayez tort ou non. Dites simplement : « Je suis désolé. Veux-tu me pardonner ? » Ce sont des mots magiques, des paroles de guérison.

Ou nous tirons dans le même sens ou nous tirons en sens contraire. Il n'y a pas d'autre choix.

KOBI YAMADA

29 ❖ Ne vous donnez pas tant de peine pour savoir qui a raison, cherchez plutôt à savoir ce qui est juste.

Bonne nuit, mon amour. Le jour tire à sa fin et la nuit vient à sa rencontre. Il ne sera bientôt qu'un souvenir immuable. Veillons à ne pas en assombrir le passage par une remarque cruelle, un secret coupable, une tâche négligée, la suspicion, l'indifférence ou les ombres de la jalousie.

Blottis dans les bras l'un de l'autre, dans la tendresse de l'amour profond et solide qui nous lie, chassons de nos pensées tout désagrément, toute mesquinerie ou mésentente. Peu importe qui est en faute, trouvons simplement le moyen de corriger la situation. Et ainsi, en donnant et en recevant, en aimant et en étant aimés, en bénissant et en étant bénis, nous construirons un foyer heureux et paisible, où les cœurs ne vieilliront jamais, où nous apprendrons, tout comme nos enfants, à aller vers la vie sans peur, avec une joie triomphante, aussi proches les uns des autres que Dieu saura nous l'accorder.

Bonne nuit, mon amour.

F. Alexander Magoun

Ne vous contentez pas d'espérer... décidez-le!

Nous avons tous entendu parler de ces expériences transformatrices – qui se produisent au moment où l'on s'y attend le moins. J'ai vécu quelque chose de ce genre pendant que j'attendais un ami à l'aéroport de Portland, en Oregon. Cela s'est déroulé sous mes yeux, à moins d'un mètre de moi.

En cherchant à apercevoir mon ami au milieu des voyageurs qui descendaient de l'avion et s'engouffraient dans la passerelle, j'ai remarqué un homme portant deux sacs de voyage qui venait dans ma direction. Il s'arrêta juste à côté de moi pour retrouver sa famille.

En déposant ses sacs, il eut d'abord un geste pour son jeune fils (il devait avoir six ans). Il le serra longuement dans ses bras. Puis ils se séparèrent, juste assez pour se regarder dans les yeux. J'entendis le père dire ces mots: «Comme c'est bon de te voir, mon garçon. Tu m'as tellement manqué!» Le fils lui fit un sourire timide, détourna les yeux et répondit d'une petite voix, «Moi aussi, papa!»

L'homme se redressa. Son regard croisa celui de son fils aîné (il devait être âgé de neuf ou dix ans). Il prit son visage entre ses mains. «Encore un peu et tu seras un jeune homme! Je t'aime, mon Zach!» Il le serra à son tour bien fort dans ses bras.

Pendant ce temps, dans les bras de sa maman, une petite fille (de douze à dix-huit mois) s'agitait au spectacle du retour de son père, qu'elle ne quittait pas des yeux. «Hé, ma toute petite!» dit l'homme en enlevant délicatement l'enfant à sa mère. Il couvrit son petit visage de baisers rapides, puis la berça dans ses bras. La petite se calma, puis demeura immobile et ravie, la tête appuyée sur l'épaule de son père.

Au bout d'un moment, l'homme tendit la fillette à son fils aîné en déclarant: «J'ai gardé le meilleur pour la fin!» Il donna à son épouse le baiser le plus long et le plus passionné que j'aie jamais vu. Puis il plongea son regard dans le sien, et je le vis articuler, sans un son, ces mots: «Je t'aime tellement!»

Ils se regardaient avec un sourire rayonnant, en se tenant les mains. Ils me firent penser un instant à des jeunes mariés, mais étant donné l'âge de leurs enfants, c'était tout à fait impossible. En cherchant à comprendre ce qui se passait, j'ai réalisé subitement à quel point j'avais l'esprit captivé par le merveilleux spectacle d'amour inconditionnel qui se jouait devant moi... J'eus soudain l'impression désagréable d'avoir fait intrusion dans quelque chose de sacré et je me surpris à demander avec une pointe de nervosité dans la voix: «Wow! Depuis combien de temps êtes-vous mariés?»

«Nous sommes mariés depuis douze ans; ensemble depuis quatorze ans», répondit-il sans quitter des yeux le joli visage de son épouse.

«Eh bien alors, depuis combien de temps étiez-vous parti?» demandai-je.

L'homme se tourna finalement vers moi. Il me regarda, le visage toujours épanoui en un large sourire. «Deux jours entiers!»

Deux jours??! J'étais renversé. À en juger par la chaleur des retrouvailles, j'avais cru qu'il avait été parti au moins quelques semaines – sinon quelques mois. Je fus manifestement trahi par l'expression de mon visage. Espérant mettre un terme à mon indiscrétion avec un peu d'élégance (et tenter de retrouver mon ami), je remarquai d'un ton désinvolte: «J'espère que mon mariage sera encore aussi passionné après douze ans!»

L'homme s'arrêta net de sourire. Il me regarda droit dans les yeux avec tant d'intensité qu'il toucha profondément mon âme. Ses paroles transformèrent quelque chose en moi. Il dit: «Ne vous contentez pas d'espérer... décidez-le!»

Puis il me lança un autre sourire radieux et me serra la main. «Dieu vous bénisse!» Il se détourna avec sa petite famille et ils s'éloignèrent à grands pas.

Je suivais toujours du regard cet homme extraordinaire et sa famille, lorsque mon ami s'approcha de moi. «Qu'est-ce que tu regardes?» demanda-t-il. Sans hésiter, avec une conviction plutôt surprenante, je répondis: «Mon avenir!»

MICHAEL D. HARGROVE

30 ❖ Quand vous comprenez que vous avez commis une faute, prenez immédiatement des mesures pour la réparer.

Si deux personnes qui s'aiment permettent un instant qu'une distance s'installe entre eux, cet instant grandira – il deviendra un mois, une année, un siècle. Puis il sera trop tard.

JEAN GIRAUDOUX

---

31 ❖ Lors d'un différend avec votre conjoint, occupez-vous des circonstances présentes ; ne revenez pas sur le passé.

Subir une offense est peu de chose pour celui qui ne garde pas rancune.

CONFUCIUS

32 ❖ Pesez chacun de vos mots, car vous ne pourrez les effacer.

Il est plus facile de taire des mots inspirés par la colère que de guérir le cœur qu'ils ont brisé.

Anonyme

━━━━❖❖❖━━━━

33 ❖ Réservez-vous des moments de solitude.

Laissez des espaces habiter votre union.

KHALIL GIBRAN

Là où règne l'amour,

l'impossible devient possible.

Proverbe indien

34 ❖ Ne sous-estimez jamais le pouvoir du pardon.

La différence entre le ressentiment que l'on garde d'une blessure et le pardon de cette offense se compare à celle qui existe entre le fait de poser la tête sur un oreiller bourré d'épines ou un oreiller fait de pétales de roses.

LOREN FISCHER

35 ❖ Faites encadrer votre invitation de mariage.

Cela me passionne toujours de connaître les débuts d'un ouvrage imposant. Vous savez comment il en va... vous êtes jeune, vous prenez des décisions et puis zap, vous voilà septuagénaire. Vous avez pratiqué votre profession pendant cinquante ans; la dame aux cheveux blancs à vos côtés a pris plus de 50 000 repas en votre compagnie. Comment tout cela a-t-il bien pu commencer?

THORNTON WILDER

36 ❖ Envoyez des fleurs à la personne aimée. Vous trouverez une raison plus tard.

Le parfum de la rose embaume longtemps la main qui l'a offerte.

HADA BEJAR

---

37 ❖ Continuez à vous montrer respectueux l'un envers l'autre, même lorsque vous êtes en colère.

Il y a deux moments où il convient de garder la bouche fermée : lorsque l'on nage et lorsque l'on est fâché.

Auteur inconnu

38 ❖ Usez de compliments pour énergiser votre vie à deux.

Même si nous sommes ici depuis un bon moment, nous avons pour la plupart encore beaucoup à apprendre. Par exemple, je me suis rendu compte dernièrement que, lorsque je complimentais mon épouse pour le repas qu'elle avait préparé, toute la soirée prenait une couleur plus joyeuse. Pourquoi m'a-t-il fallu cinquante années de mariage pour faire cette simple constatation ? Je ne le saurai jamais.

JOHN LUTHER

39 ❖ Profitez de toute occasion où l'être aimé et vous avez une coupe de vin à la main pour porter un toast à votre amour.

Combien ton amour est plus délicieux que le vin.

Cantique des cantiques 4,10

Une femme insatisfaite ne peut se passer de luxe. Mais la femme qui aime vraiment un homme accepterait de coucher sur le plancher.

D.H. LAWRENCE

40 ❖ Lorsque votre conjointe vous demande si vous aimez sa nouvelle coiffure, dites toujours oui.

Ce que l'on aime est toujours beau à nos yeux.

Proverbe norvégien

———◦❄◦———

41 ❖ Tous les mariages heureux ont en commun les éléments suivants : courtoisie, esprit de sacrifice et pardon.

L'amour est patient, il est bon. Il n'est pas envieux, ni vantard, ni orgueilleux. L'amour n'est pas insolent, il ne cherche pas son intérêt. Il ne s'irrite pas et ne tient pas rancune.

1 Corinthiens 13,4-5

Exercice du jour

Une union réussie ressemble à un feu de camp, car les deux finissent par mourir si l'on n'en prend pas soin. Et il ne suffit pas d'en prendre soin quand cela nous chante. Si on néglige de s'en occuper, le feu de camp s'éteindra en quelques heures, et l'ardeur d'un mariage tiédira vite. Nourrissez tous les jours la flamme de votre union par des gestes simples – par exemple :

- Complimentez votre partenaire en présence de ses meilleurs amis.

- Accueillez avec un baiser et les bras ouverts l'être aimé, à la porte de votre demeure.

- À la prochaine Saint-Valentin, achetez un sac supplémentaire de friandises en forme de cœur décorées de courts messages romantiques et consommez-les tout au long de l'année qui vient.

- Utilisez l'une de vos photos préférées de l'être aimé en guise de signet.

- Retenez les trois phrases essentielles pour la vie à deux : *Je t'aime. Tu es magnifique. Pardonne-moi.*

- Glissez un mot d'amour sous l'oreiller de l'être aimé ce soir.

L'art d'être parent

La reconnaissance

Au cours d'une cérémonie de remise des diplômes à laquelle j'assistais récemment, le rôle que jouent les parents dans la vie de leurs enfants a largement été mis en évidence. Ce fut sans aucun doute un moment de vérité que je ne suis pas près d'oublier.

Les récipiendaires d'une bourse d'études s'adressèrent brièvement à l'assistance après l'allocution du directeur. Leurs commentaires avaient entre eux un point commun: chacun exprimait une profonde reconnaissance envers son ou ses parents. Les étudiants les remerciaient pour «tout l'amour», «tout l'appui» et «l'exemple formidable» qu'ils leur avaient donnés. Ou pour «avoir toujours été là» et «leur avoir enseigné à rechercher l'excellence comme ils le faisaient eux-mêmes», pour avoir été «leur modèle et leur inspiration». Chaque étudiant fut chaudement applaudi en quittant la scène.

La dernière étudiante, qui était la première de sa promotion, allait prononcer le discours d'adieu. Après avoir saisi le micro, elle promena son regard sur un océan de visages dans l'auditorium plein à craquer, puis demanda: «Maman et papa, où êtes-vous?» Elle examina la foule, mais, ne les apercevant pas, elle répéta sa question: «Où êtes-vous, maman et papa?»

Deux personnes se levèrent. Le visage rayonnant de joie, la jeune fille dit alors : « Chers membres de l'assistance, permettez-moi de vous présenter mes parents. Je leur ai demandé de se lever avec moi car, sans eux, je ne serais pas ici aujourd'hui. Et j'aimerais maintenant que vous les applaudissiez tous chaleureusement, car ils le méritent bien plus que moi. »

La foule se mit à applaudir avec tant d'enthousiasme qu'elle semblait saluer les valeureux efforts de tous les parents, présents ou non.

Être parent. On ne saurait trop insister sur l'importance de cette fonction sacrée. J'ai acquis cette certitude : l'assise solide constituée par l'engagement profond d'un parent à l'égard de son enfant peut également devenir le tremplin qui permettra à ce jeune être d'atteindre de nouveaux sommets. Les efforts déployés pour enseigner à nos jeunes ce qui est vrai, beau et bien porteront fruit en temps et lieu, aussi sûrement que le soleil de mai voit fleurir les cerisiers de la Nouvelle-Angleterre. Ce qui croît dans l'âme de nos enfants – les effets de notre présence indéfectible, de nos soins et de notre tendresse – viendra à s'épanouir sous nos yeux pleins de reconnaissance et peut-être même d'admiration.

Qui sait si nous n'entendrons pas ces applaudissements un jour ?

1 ❖ Souvenez-vous que former le caractère de votre enfant, c'est comme la soupe : mieux vaut quand c'est fait maison.

S'il est à souhaiter que nos enfants soient bons, responsables, gentils et honnêtes, cela ne sert à rien d'espérer qu'ils acquièrent ces qualités – elles doivent leur être enseignées.

JAMES DOBSON

2 ❖ Ne confondez pas richesse avec succès.

Aucune forme de réussite – l'élection à la Présidence, la richesse, les études supérieures, la rédaction d'un ouvrage littéraire ou n'importe quoi d'autre – n'égale celle de l'homme ou de la femme qui ont le sentiment d'avoir rempli leur mission et voient leurs enfants et petits-enfants se lever pour leur rendre hommage.

THÉODORE ROOSEVELT

———»◆«———

La décision d'avoir un enfant est
lourde de conséquences. Cela implique
d'accepter de voir notre coeur se
promener à l'extérieur de notre corps
tous les jours.

ELIZABETH STONE

———»◆«———

3 ❖ Saisissez les occasions de valoriser et de complimenter.

Les enfants sont nourris de lait et d'encouragements.

MARY LAMB

---

4 ❖ Établissez vos priorités. Personne n'a jamais dit sur son lit de mort : « Ah, si seulement j'avais passé plus de temps au bureau ».

Il est difficile de savoir ce qui compte vraiment dans la vie. Pour la plupart d'entre nous, le prestige, les honneurs et les dollars viennent au premier rang. Mais à la mi-quarantaine, je prends peu à peu conscience que les choses vraiment importantes ne se passent pas dans les salles de réunion des conseils d'administration, mais dans les cuisines du monde entier.

GARY ALLEN SLEDGE

5 ❖ Ne vous inquiétez pas de ne pouvoir donner ce qu'il y a de mieux à vos enfants. Donnez-leur le meilleur de vous-même.

Nous ne savions pas à quel point nous étions pauvres; notre richesse, c'était notre famille.

FLORENCE GRIFFITH JOYNER

6 ❖ Prenez grand soin de ceux que vous aimez.

Je ne perds pas complètement de vue les résultats, mais je n'en fais pas une obsession. À mes yeux, la lettre P n'évoque pas les mots « profits ou pertes », mais autre chose de plus important, les « personnes » que j'aime.

MARY KAY ASH

7 ❖ Souvenez-vous que le temps passé avec vos enfants n'est jamais du temps perdu.

Le temps que vous consacrez à votre famille constitue votre plus précieux investissement.

KEN BLANCHARD

8 ❖ Montrez chaque jour aux membres de votre famille combien vous les aimez par des paroles, des attentions délicates et des gestes tendres.

Il n'est pas besoin d'argent pour fournir à l'âme les choses qui lui sont essentielles.

HENRY DAVID THOREAU

Une histoire avant de dormir

Il y a plusieurs années, j'ai décidé qu'il me fallait un coin tranquille à la maison où je pourrais écrire en paix. Les enfants avaient grandi, ils avaient quitté la maison. La salle de jeux de l'étage inférieur, jadis remplie de rires sonores, était en partie disponible. Je n'avais besoin que d'un secteur de la pièce et, au fil des ans, j'ai passé plusieurs heures concentré sur mon travail, sans être vraiment dérangé, dans la solitude paisible de ce coin de la maison.

Cela ne changea guère lorsque ma petite-fille Molly vint au monde, en Virginie. Lorsqu'elle nous rendait visite, ce n'était pas un problème de trouver un endroit à l'écart pour travailler. Toutefois, lorsque Molly eut deux ans et demi, elle et sa famille revinrent vivre à Nashville.

Un samedi matin, peu de temps après que Molly eut déménagé dans notre ville, on me demanda de faire du baby-sitting. Je voulais bien rendre service, mais j'étais en plein milieu d'un projet d'écriture... Fallait-il refuser? Bien sûr que non. Nous pouvions nous installer en bas, dans la salle de jeux. Elle pourrait bouger à sa guise pendant que je travaillerais dans mon coin. Et si jamais elle venait à avoir besoin de moi, je serais là. Autrement, chacun de nous s'occuperait de son côté et serait parfaitement heureux.

Elle arriva avec sa mère à l'heure convenue. Nous descendîmes l'escalier; Molly se dirigea immédiatement vers la boîte à jouets et moi, vers mon joujou, mon ordinateur. Tout entiers dans le plaisir de l'instant présent, chacun de nous oublia la présence de l'autre.

Cette félicité utopique ne dura cependant que quelques minutes. Je sentis une présence silencieuse à mes côtés. Levant les yeux de mon travail, j'aperçus le petit ange à moins d'un mètre de moi qui attendait patiemment, une lueur d'espoir dans le regard.

Elle tenait un livre dans ses mains.

«Lis-moi une histoire, grand'pa», dit-elle.

Je pris le livre et elle grimpa sur mes genoux. Avec les seuls mots et illustrations mis à notre disposition, nous nous sommes envolés dans un pays imaginaire. Une fois notre voyage terminé, elle sauta par terre, courut vers l'étagère où elle choisit un autre livre et revint en courant.

«Une autre histoire, grand'pa» dit-elle à nouveau. Et je commençai à lire.

Mes pensées et mon cœur ne revinrent jamais sur le projet auquel je travaillais, mais ce fut certainement l'une des plus belles journées de ma vie. Sur l'un des murs de notre chambre, il y a une pensée écrite à la main dans un cadre. L'une de nos filles l'avait empruntée à un poète il y a plusieurs années. Elle a oublié le nom de l'auteur, mais ces mots reflétaient et reflètent toujours ses propres sentiments. Le poème se termine ainsi:

Avec grand'peine
Serai-je aussi riche qu'une reine,
Mais tous les soirs,
Maman me lisait une histoire.

RICHARD SPEIGHT

9 ❖ Ne pensez pas que les meilleurs cadeaux viennent dans les plus beaux emballages.

Le plus beau cadeau que j'aie reçu me fut offert par mon père un jour de Noël. Il me tendit une note portant ce message : Mon fils, cette année je te donne 365 heures, à raison d'une heure par jour, après le repas du soir. Non seulement mon père respecta-t-il sa promesse, mais il la répéta chaque année par la suite. C'est le plus merveilleux cadeau que l'on m'ait jamais offert. Ce temps a permis que je devienne qui je suis.

Un fils

10 ❖ Parlez de Dieu à vos enfants.

Les parents reçoivent leurs enfants de Dieu et c'est vers Lui qu'ils doivent les mener.

Dietrich Bonhoeffer

11 ❖ Dites à vos enfants que vous avez confiance en eux et à quel point ils sont formidables.

Être habité par un sentiment d'appartenance et la certitude d'être aimé, voir fréquemment sa valeur et sa dignité reconnues – voilà pour l'âme ce que la nourriture est pour le corps.

ANNE ORTLUND

12 ❖ N'acceptez pas que les membres de votre famille deviennent occupés au point de ne plus pouvoir partager au moins un repas tous les jours.

Lorsque nous oublions l'essentiel, les petites joies, les repas pris ensemble, les anniversaires, la douleur et les larmes partagées, la magie d'un soleil couchant ou d'une jonquille qui pointe à travers la neige, nous perdons une part d'humanité.

MADELEINE L'ENGLE

13 ❖ Ne ménagez aucun effort pour que vos enfants acquièrent une image positive d'eux-mêmes. C'est ce que vous pourrez faire de mieux pour assurer leur réussite.

Ma mère disait: «Si tu deviens soldat, tu seras général; si tu te fais moine, tu finiras par être pape». Au lieu de cela, j'ai choisi la peinture et suis finalement devenu Picasso.

PABLO PICASSO

14 ❖ Prenez des vacances en famille, que vous en ayez les moyens ou non. Vous en garderez des souvenirs inestimables.

Année après année, papa réussissait on ne sait comment à nous offrir des vacances, même s'il n'en avait pas les moyens, afin de nous créer des souvenirs dont nous n'aurions pu nous passer.

RICHARD EXLEY

15 ❖ Si vous voulez que vos enfants tournent bien, consacrez-leur deux fois plus de temps et deux fois moins d'argent.

Vos enfants se souviendront d'avoir été tendrement aimés par vous, non des biens matériels que vous leur avez procurés.

GAIL SWEET

16 ❖ Faites la lecture à vos enfants. Chantez pour eux. Écoutez ce qu'ils ont à vous dire.

Les activités les plus simples offrent souvent l'occasion de nouer les relations les plus profondes.

GARY SMALLEY

17 ❖ Que vos enfants sachent que vous serez là pour eux quoi qu'il arrive.

Un foyer, c'est un royaume bien à soi au milieu du monde, une forteresse contre les luttes et les tensions de la vie.

DIETRICH BONHOEFFER

18 ❖ Excusez-vous immédiatement de vous être mis en colère, surtout devant les enfants.

Seuls les sages et les braves osent admettre qu'ils ont tort.

BENJAMIN FRANKLIN

————◈————

Lorsqu'on est un enfant,

l'amour s'épelle ainsi:

T – E – M – P – S.

DR Anthony P. Witham

————◈————

19 ❖ Faites participer vos enfants aux tâches ménagères.

Finalement, c'est en apprenant à vos enfants à accomplir eux-mêmes certaines tâches, non en les faisant pour eux, que vous les aidez à devenir des êtres humains complets.

ANN LANDERS

---

20 ❖ Même si vous êtes financièrement à l'aise, demandez à vos enfants de défrayer une partie de leurs frais de scolarité et la totalité de leur prime d'assurance automobile.

Évitez d'handicaper vos enfants en leur rendant la vie trop facile.

ROBERT A. HEINLEIN

21 ❖ Limitez le nombre d'heures que vos enfants passent devant la télé et surveillez le contenu des émissions qu'ils regardent.

Comme nous oublions facilement ce que les anciens savent depuis toujours : il faut élever les enfants avec conscience, ne pas les laisser pousser comme de la mauvaise herbe.

ART BUCK

22 ❖ Sachez qu'en étant un bon parent, vous procurez à votre enfant le plus précieux des biens.

Tout ce que je suis, je le dois à ma mère. Toutes les réussites que j'ai obtenues dans ma vie sont attribuables à l'éducation morale et intellectuelle qu'elle m'a donnée.

GEORGE WASHINGTON

23 ❖ Ne posez jamais une action irresponsable en présence des membres de votre famille.

Les enfants ont toujours du mal à écouter leurs aînés; mais ils ne manquent jamais de les imiter.

JAMES BALDWIN

24 ❖ Mesurez votre réussite à la présence de la joie, de la santé et de l'amour dans votre vie.

Je sais où est ma réussite dès que je rentre du travail et que j'aperçois ces petites frimousses collées contre les vitres de la fenêtre.

PAUL FAULKNER

Hommage aux grands-parents

Notre grand-père avait étudié à l'Université Harvard. Il reçut par la poste une invitation à la cinquantième réunion des anciens. Sur la fiche d'inscription, les participants devaient indiquer les titres et les prix qui leur avaient été décernés ainsi que leurs réalisations majeures depuis qu'ils avaient quitté l'université. Notre mère n'apprécia guère la formulation de la lettre, qui laissait entendre que les gens n'ayant pas connu une brillante carrière étaient des ratés.

Ainsi que l'attestera la lettre de ma mère, notre grand-père était un homme tout à fait merveilleux, qui avait pour ambition principale de faire le bonheur de sa famille. Il a rempli son but à la perfection! Bien que grand-père soit décédé il y a huit ans, à chaque jour qui passe, sa présence continue de nous manquer cruellement.

Cher secrétaire de la promotion 1934,

J'ai rempli ce questionnaire au nom de mon père, qui a eu une attaque d'apoplexie voilà environ quatre mois. Il entend presque parfaitement mais il a encore de la difficulté à écrire et à s'exprimer verbalement.

Dans le questionnaire, il est demandé de fournir une liste des distinctions honorifiques et des prix obtenus. Je ne

me souviens pas qu'on ait conféré à mon père un titre hono-
rifique, ce qui ne signifie pas pour autant qu'il ait mené une
existence mesquine ou quelconque. Si des prix étaient
décernés dans les catégories « Meilleur père », « Grand-père
idéal » et « Ami dévoué », il les aurait sûrement tous rem-
portés. Je ne me rappelle pas une seule fois où mon père ait
manqué de temps pour ses enfants, ni un seul problème
auquel il n'ait trouvé une solution. Et lorsque ses amis me
disent à quel point il est un être charmant, un ami fidèle, un
homme compréhensif, j'ai envie de leur répondre : « Je sais,
je sais tout ça depuis toujours... c'est mon père ». C'est
pourquoi, même s'ils ne furent pas acquis par des études
supérieures, inscrits sur un certificat ou un trophée, ces hon-
neurs valent d'être mentionnés. Il les a mérités en vivant
pleinement chaque journée et en rendant heureux ses enfants,
ses petits-enfants et ses amis.

Aussi, je ne crois pas me tromper en indiquant sous la
rubrique des distinctions honorifiques que le plus grand hon-
neur me revient. En effet, j'ai l'immense privilège de pou-
voir affirmer que Harold Poster est mon père.

Veuillez agréer, Monsieur, l'expression de mes sentiments
distingués.

Patricia Levin

Quelques jours plus tard, la réponse suivante
parvint à ma mère :

Chère madame Levin,

En ma qualité de secrétaire de la promotion et de rédac-
teur du journal du cinquantième anniversaire, j'ai pour

tâche de relire tous les questionnaires qui nous ont été retournés avant qu'ils ne soient remis à l'imprimeur. J'emploie le mot « tâche », mais en réalité c'est plus souvent un plaisir. Je n'ai pu m'empêcher de vous écrire au sujet du questionnaire qui, parmi tous ceux reçus, donnera je crois une couleur particulièrement chaleureuse et motivante à notre journal.

Je peux affirmer sans arrière-pensée que la personne décrite dans ce questionnaire s'est acquis des honneurs et une réussite qui éclipsent en grande partie la litanie des soi-disant succès (financiers, évidemment !) de la vaste majorité.

Je n'ai qu'un regret, c'est de ne pas avoir fait la connaissance de votre père au collège ou au cours des années subséquentes. Je sais à présent qu'il s'agit d'un homme admirable, qui a en outre la chance de trouver en vous un fidèle portrait de ce qu'il est. Je lui souhaite très sincèrement une complète guérison.

Merci mille fois pour votre réponse.

Veuillez agréer, Madame, l'expression de mes sentiments les meilleurs.

John M. Lockwood
Secrétaire de la promotion 1934

DANA O'CONNOR et MELISSA LEVIN

Je l'ai dit mille fois et je le répéterai encore: aucune tâche n'est plus importante que celle d'élever un enfant. Aucune.

OPRAH WINFREY

25 ❖ Vivez de telle sorte que vos enfants pensent à vous lorsqu'ils entendent parler de justice, de bonté et d'intégrité.

Il est un cadeau que nous pouvons faire à nos enfants et qui surpasse tous les autres : leur donner le bon exemple.

SIR CHARLES MORELL

26 ❖ Ne manquez pas d'applaudir même une légère amélioration.

Nul effort pour s'améliorer ne peut être qualifié d'insignifiant.

TOM PETERS

27 ❖ N'employez jamais l'expression : « Fais ce que je dis, non ce que je fais ».

Les gens écoutent celui qui sait passer de la parole aux actes.

Proverbe allemand

---

28 ❖ Conduisez votre auto comme vous aimeriez voir vos enfants le faire.

La seule manière de diriger un enfant dans le droit chemin, c'est d'y marcher vous-même.

ABRAHAM LINCOLN

———➤◆◄———

Ce que tu es parle si fort que
je n'entends pas ce que tu dis.

RALPH WALDO EMERSON

———➤◆◄———

Une pêche mémorable

Chaque fois qu'il en avait la chance, un garçon de onze ans aimait aller pêcher sur le quai du camp d'été de sa famille, sur une île au milieu d'un lac du New Hampshire.

Le jour précédent l'ouverture de la pêche à l'achigan, le garçon et son père, qui pêchaient à la ligne avec des vers, prirent des crapets-soleil et des perchaudes. Le fils attacha ensuite une cuillère argentée à sa ligne et se mit à pratiquer son lancer léger. Dans les lueurs du couchant, le leurre formait des cercles concentriques iridescents qui s'argentèrent lorsque la lune s'éleva au-dessus du lac.

Quand il vit sa canne à pêche plier en deux, le garçon sut qu'il y avait quelque chose de gros à l'autre extrémité. Le père regarda avec admiration le garçon ramener habilement le poisson au bord.

Avec précaution, le garçon finit par sortir de l'eau le poisson épuisé. Jamais il n'avait vu un poisson de cette taille... mais il s'agissait d'un achigan.

Le garçon et son père examinèrent le superbe poisson qui agitait frénétiquement ses nageoires au clair de lune. Le père alluma une allumette, puis regarda sa montre. Il était 10 h du soir – deux heures avant l'ouverture de la pêche à l'achigan. Son regard se posa sur le poisson, puis sur le garçon.

« Il va falloir que tu le remettes à l'eau, mon gars.

– Papa ! protesta le garçon.

– Il y en aura d'autres, fit le père.

– Jamais comme celui-là ! » s'écria le gamin.

Il regarda tout autour du lac. Il n'y avait pas un seul pêcheur en vue, pas la moindre barque sous la clarté de la lune. Il leva de nouveau les yeux vers son père.

Même si personne ne les avait vus et n'aurait pu affirmer à quelle heure il avait pris le poisson, le garçon pouvait savoir d'après le ton ferme de son père, que la décision ne pouvait être renversée. Il décrocha l'hameçon de la bouche de l'énorme achigan et le remit dans les eaux sombres du lac.

La créature frétilla de tout son corps et disparut. Le garçon se doutait qu'il ne reverrait jamais un aussi magnifique poisson.

Cela se passait il y a trente-quatre ans. Ce garçon est aujourd'hui un architecte renommé de New York. Le camp de pêche de son père se dresse toujours sur l'île au milieu du lac et il emmène aujourd'hui ses filles et son fils pêcher sur le quai.

Il avait eu raison cependant. Jamais il n'a repris un poisson comme celui qu'il avait hissé sur le quai jadis, il y a bien des années. Mais il voit et revoit toujours ce même poisson lorsqu'il fait face à une question d'ordre éthique.

Car, ainsi que son père lui avait enseigné, l'éthique est la science du bien et du mal. C'est toutefois son application qui soulève des difficultés.

Lorsque personne ne nous regarde, nous conduisons-nous honnêtement? Refusons-nous de couper les coins ronds pour qu'une étude soit exécutée dans le délai fixé? Ou de négocier certains titres boursiers en nous basant sur des informations que nous ne sommes pas censés détenir?

Nous agirions de cette manière si nous avions appris à remettre le poisson à l'eau lorsque nous étions enfants. Car nous aurions appris ce qu'est la vérité.

Quand nous choisissons d'agir honnêtement, cette décision demeure toujours présente à notre esprit. C'est avec fierté que nous dirons à nos amis, à nos petits-enfants, non pas que nous avons saisi l'occasion qui nous était offerte de frauder le système, mais que la pratique du bien nous apporte des forces qui ne nous trahissent jamais.

JAMES P. LENFESTEY

29 ❖ Devenez pour votre enfant un professeur idéal, un entraîneur hors pair.

Cent maîtres d'école ne remplacent pas un père.

GEORGE HERBERT

---

30 ❖ L'exemple est le plus efficace des sermons.

Ma mère m'en a appris bien davantage sur les valeurs chrétiennes que tous les théologiens de l'Angleterre.

JOHN WESLEY

31 ❖ Complimentez vos enfants pour leurs efforts comme pour leurs succès.

Les gens ont davantage besoin de vos compliments quand ils se dépensent sans résultat que lorsque leurs efforts sont couronnés de succès.

BOB MOAWAD

———❖———

32 ❖ Appliquez la discipline en douceur.

Les humains acceptent plus facilement qu'on ne le croit les conseils ou les opinions contraires; cependant, s'ils sont exprimés avec violence, ils les rejetteront, même s'ils sont fondés. Comme les fleurs, les cœurs savent accueillir une délicate rosée, mais ils se ferment sous la pluie battante.

GEORGE MATTHEW ADAMS

Savoir se tenir debout

Au cours de la deuxième année de mes études secondaires, nous avons déménagé dans une autre ville, et moi, dans une nouvelle école. Dans ce genre de situation, la pratique d'un sport d'équipe constitue le moyen le plus efficace de se faire des amis. Cela vous permet de rencontrer plus de gens en deux jours que vous ne pourriez le faire en trois mois.

En temps normal, j'aurais choisi de jouer au basket-ball. Mais sur le plus récent relevé de notes que j'avais apporté à la maison, j'avais récolté un D pour avoir fait du chahut dans un cours et manqué de sérieux dans la remise de mes travaux scolaires. Mon père avait établi une règle applicable aux trois garçons de la famille : si l'un de nous obtenait une note inférieure à C, il ne pouvait jouer au ballon. Il ne nous demandait pas d'avoir une série de A ou d'être au nombre des meilleurs élèves. Mon père savait que si l'un de nous avait un D, c'est qu'il n'agissait pas de façon responsable, qu'il perdait son temps.

Mon père aurait été ravi de me voir jouer au basket-ball. Durant ses études secondaires, il avait été sélectionné sur l'équipe d'étoiles de l'État tant au football qu'au basket-ball, puis avait reçu une bourse afin d'étudier dans un collège et jouer au sein de l'équipe de basket-ball. Après la deuxième guerre mondiale, les Steelers de Pittsburgh lui avaient offert un contrat pour jouer au football. Bien sûr, il souhaitait me voir jouer, mais il croyait que le développement de ma personnalité l'emportait sur le perfectionnement de mon tir au panier. Mon père avait pour moi un objectif à long terme qui était beaucoup plus important que le basket.

Un jour, pendant un cours d'éducation physique, nous avons disputé un match de basket-ball informel sans savoir que l'entraîneur de l'équipe de l'école nous regardait, assis dans les gradins. Plus tard, il vint me voir dans le vestiaire. Après m'avoir demandé mon nom, il voulut savoir pourquoi je n'avais pas cherché à faire partie de l'équipe de basket-ball de l'école. Je lui répondis que nous étions nouvellement arrivés dans la ville et je comptais joindre l'équipe l'an prochain. Il répondit qu'il voulait m'avoir dans l'équipe dès cette année.

Je lui expliquai que mon père avait établi une règle pour qui obtenait une note inférieure à un C.

L'entraîneur rétorqua: «Mais d'après les règlements de l'école, tu as le droit de faire partie de l'équipe même si tu as eu un D.

– Oui, monsieur, je le sais, répondis-je. Mais vous devez comprendre que mon père a ses propres critères.

– Donne-moi ton numéro de téléphone. Je vais appeler ton père.»

Cet entraîneur était une véritable armoire à glace: il devait mesurer 1 mètre 90 et peser près de 100 kilos. C'était un type au tempérament plutôt agressif, le genre de *coach* qui avait l'habitude d'arriver à ses fins. Mais il ne connaissait pas mon père. Je savais quelle serait sa réponse avant même qu'il lui téléphone.

Mon père pouvait-il changer d'avis? Oui, bien sûr. Allait-il le faire parce que l'entraîneur de l'équipe allait lui demander? Certainement pas. Plusieurs pères auraient été si flattés qu'ils auraient oublié leurs principes.

Ce soir-là, peu de temps après le repas, papa m'informa que l'entraîneur avait téléphoné. Après m'avoir appris qu'il lui avait dit non, il me rappela l'importance d'agir de façon responsable en classe. Il souhaitait toujours que je puisse jouer au basket-ball et ajouta que la balle était dans mon camp (sans mauvais jeu de mots...). Si je désirais jouer au basket, il n'en tenait qu'à moi. J'étais alors déterminé à bien travailler en classe afin de pouvoir jouer au sein de l'équipe l'année suivante.

Le lendemain matin, l'entraîneur vint me retrouver dans le vestiaire.

«J'ai parlé à ton père hier après-midi et il n'a pas voulu changer d'avis. Je lui ai expliqué les conditions posées par l'école, mais il n'a pas cédé. Je n'ai pas beaucoup de respect pour ton père...»

Je n'en croyais pas mes oreilles. Cet entraîneur n'avait aucun respect pour mon père. Même moi j'avais assez de jugement pour comprendre que mon père avait raison d'agir comme il le faisait. Bien sûr que je voulais jouer au basket-ball, mais je savais qu'il était un homme de parole et je lui donnais raison de ne pas me laisser jouer. Je ne pouvais pas croire qu'un *coach* puisse dire une chose pareille.

« Je vais vous dire quelque chose, *coach*. J'ai le plus grand respect pour mon père et je veux que vous sachiez que jamais je ne jouerai au basket-ball pour vous. »

J'ai tenu parole. J'ai amélioré mes résultats scolaires, mais jamais je n'ai joué dans l'équipe officielle de l'école, pour cet homme qui n'avait pas respecté la droiture de mon père. Ainsi se termina ma carrière de basketteur, au secondaire, puisque cet homme demeura entraîneur de l'équipe pendant toutes les années où j'ai fréquenté cette institution.

Et pourquoi n'ai-je pas accepté de jouer pour lui ? Parce qu'il n'avait pas respecté mon père. À bien y penser, si je ne voulais pas faire partie de son équipe, c'est qu'il ne méritait pas mon respect. C'était une personne sans principes, et j'avais le sentiment qu'il était prêt à tout pour gagner. Mon père avait des convictions personnelles, c'était un homme de caractère. Et je ne souhaitais fréquenter aucun entraîneur qui était incapable de l'apprécier.

Mon père était ferme, même sévère, mais il était fidèle à ses principes parce que, contrairement à l'entraîneur, il s'était fixé un objectif à long terme quant à mon avenir personnel.

L'entraîneur voulait gagner des matchs, alors que mon père avait un fils à éduquer.

STEVE FARRAR

33 ❖ Rendez grâce avant chaque repas.

Aucune nation n'a eu d'allié plus précieux que la mère qui enseigne à ses enfants à prier.

Anonyme

---

34 ❖ Consacrez deux fois plus de temps à complimenter qu'à critiquer.

Il est plus facile d'attirer les gens vers la vertu en usant de compliments que de les détourner du vice par la contrainte.

ROBERT SURTEES

35 ❖ Évitez les sarcasmes dans vos conversations avec les enfants.

Il est facile de réparer un accroc dans une veste, mais non la meurtrissure que causent des paroles blessantes dans un cœur d'enfant.

HENRY WADSWORTH LONGFELLOW

36 ❖ Embrassez votre mère et prenez-la dans vos bras chaque fois que vous la voyez. On n'est jamais trop vieux pour faire ça.

Même avec des cheveux gris, nos enfants sont toujours nos tout-petits.

JANET LEIGH

Exercice du jour

Être un bon parent n'est pas chose facile et nous ne sommes jamais à l'abri de l'erreur. Mais nous devons persévérer, faire l'effort de comprendre nos enfants, leur donner l'exemple et, par-dessus tout, leur montrer que nous les aimons. Voici quelques suggestions qui peuvent vous aider à agir dans ce sens:

- Lorsque vous voulez défendre une idée auprès de vos enfants, évitez d'utiliser les mots: «Quand j'avais ton âge».

- Demandez à votre enfant de vous lire son histoire préférée.

- Gardez des photos de vos enfants dans votre porte-monnaie ou votre bourse et ne soyez pas gêné de les montrer.

- Lorsqu'un enfant s'ennuie, faites-le monter dans la voiture et amenez-le à un musée ou une bibliothèque du voisinage.

- Placez bien en vue sur le frigo les œuvres d'art que votre enfant rapporte de l'école.

- Rappelez-vous que pour ranger la chambre d'un enfant, il suffit parfois de fermer la porte.

Table des matières

Transcontinental
IMPRESSION
IMPRIMERIE GAGNÉ